GREAT MANAGERS NEVER TREAT THEIR PEOPLE POORLY

# できる人が絶対やらない部下の動かし方

武田和久
KAZUHISA TAKEDA

日本実業出版社

# はじめに　理論や理屈だけでは部下は絶対に動かないという事実

「部下の考えていることがよくわからない」
「受け身ではなく主体的に動いてほしい」
「仕事なんだからもっと快く引き受けてほしい」

本書はこうした悩みを解決したいという人のために執筆しました。ただし、きれいごとや、よくある理論を述べるつもりは一切ありません。

私は今、企業に対して毎年１００回を超えるマネジメント研修やリーダーシップ研修を行なっています。しかし、サラリーマンだった以前は、自分自身が部下のことで悩み続けた時期がありました。

当時の私は休みになると本屋に行ったり、調べ物をしたりして「部下にはこうすればよい」という理論や理屈で武装して、**周囲をコントロールしようとしていました。**

もちろん理論や理屈を学ぶことも大切ですが、人間はそんなに単純ではないことも明らかでしょう。

さまざまなことを試したものの、大した成果も出ず途方に暮れていたところ、紹介者の顔を立てるために仕方なく聴講しに行った心理学の講座で、ある大学教授の話を聞いたとき、ものすごく「ハッ」とした瞬間がありました。それは、「人は理屈通りには絶対に動かない」ということでした。

この視点を応用し、それまで部下に対して**「〇〇しろ！」と頭ごなしに命令していたものを、「〇〇するならどうしたい？」という形で部下に指示を出すようにしたところ、見違えるほどの成果をあげられるようになりました。**独立した10年前からこのノウハウを上司のみなさんにアドバイスしていますが、すぐに「パワハラ」などと言われてしまう今だからこそ、このやり方がますます有効なのだと実感しています。

私が研修や講演を企業から依頼されるときに、主催される企業の担当者から「こういうテーマで研修や講演をしてほしい」と言われるものがあります。ところが、実際に研修を受ける側の方々に「どういう課題をお持ちですか？」と尋ねてみると、主催テーマとはかけ離れた内容であったり、実際の職場や現場でないと気づかなかったりするような細かなことを課題と感じていることが多いという事実があります。また、私の場合、「上司」への研修と合わせて「部下」への研修も数多く行なっているため、両者の本音がわかるという立場にあります。

そこで本書では、きれいごとではなく、現場である職場で**実際に上司のみなさんが部下に対して抱えている現実的な課題を取り上げ、その対応策をレクチャーしました。**

この本では、どうすればこちらが意図したように「部下が快く動いてくれるのか？」ということを、NGのやり方とOKのやり方で対比にして紹介することで、読者のみなさんに、職場ですぐに実践してもらえることをイメージして構成しています。

また、そうしたやり方がよいということについて、その理由や意図、背景について、当事者の心のなかの声を表現する形で解説しています。部下の本音が見え、過去にうまくいかなかった理由も明らかになることで、より職場で応用することができるようになってほしいと思います。

この本を手に取ってくださったあなたが、この本を上手に活用し、職場や現場において部下との関係を良好にし、より多くの仕事の成果につなげることができたならば、これほどうれしいことはありません。

2016年12月

武田和久

『できる人が絶対やらない部下の動かし方』　もくじ



## 第1章

# 「期待通りに動いてくれない」部下には？

# 第2章 「考え方や価値観が合わない」部下には？

## 第3章 「タイムマネジメントができない」部下には？

# 第4章 「不平不満が多い」部下には？

# 第5章 「向上心がない」部下には？

カバーデザイン　小口翔平＋三森健太(tobufune)
カバーイラスト　タニー・タケ
DTP　一企画

# 第1章

# 「期待通りに動いてくれない」部下には？

# 01 主体的に動かない部下には仕事のすすめ方ややり方を見せる

今の時代の上司は、現場の第一線でプレイヤーとして活躍しながら、マネジメントもこなすプレイングマネジャーとして重要な存在になっています。当然のように時間がない状況では、部下には「こちらがすべてを細かく言わなくても自分で主体的に動いてほしい」というのが本音です。

## 部下は上司に認めてほしいと思っている

私がかかわっている管理職研修で最も求められ、9割を超える企業で行なっているのが「部下を主体的に動かすには？」というテーマです。これは昔から人気のテーマであり、いつの時代の上司もこのように考えているということがわかります。

実は私の場合、管理職に対する研修を行なうのとともに、その直属の部下にも研修を行なう機会があります。その際、よく次のようなやり取りがあります。

「みなさんは会社や上司からもっと主体的に動いてほしいと言われていますが、それについてはどう感じていますか？」

「主体的に動いたほうがいいのは十分理解してるんです。でも、どうしていいのかがよくわからないんです」

これが部下の本音ではないでしょうか？

人の心のなかには誰でも「承認されたい」という欲求を持っています。部下からすれば、「**上司から認められたい**」「**上司に協力したい**」という気持ちを持っており、そのために「主体的に動くことが大切だ」というのは頭のなかではわかっているのです。しかし、それがうまくできないことで、部下自身のモチベーションがだんだん下がっていってしまうのです。なぜ、こうしたことが起こるのでしょうか？

## 主体的に動ける「具体的な情報」を与える

この大きな理由に「情報の不足」があります。

例えば、部下は日ごろの上司の仕事ぶりを見て、「なるほど！　そういった仕事のすすめ方をしてるのか」「あぁ、〇〇さんはこういうやり方だから周囲から認められてるんだな」と、自分で見たり聞いたりした情報によって、具体的にイメージすることができ、主体的に動いていくようになります。

しかし、プレイングマネジャーの増加で上司が部下と接する時間が減っていることによって、若手が仕事のすすめ方ややり方について保有できる情報はかぎられるようになりました。そんななかで部下に対して、「もっと主体的に行動してくれ！」と言っても、

「主体的ってどういうことなんだ？」

「どう動いたら上司が満足するんだろうか？」

といった疑問ばかりが部下の心のなかで芽生えてしまいます。例えるなら、今まで泳いでいる人を見たことがない人をプールの真ん中に連れて行って、「自分で考えて、端まで泳いでみろ！」と言ってるようなものです。

ですから、主体的に動いてほしいのであれば、部下に仕事のやり方やすすめ方を具体的に見せたり説明したりして、**こちらから情報提供をしていくことが重要です。**

「〇〇さんが△△について××してくれると俺も助かるよ！」

こうすれば部下はやるべきことを具体的にイメージできるようになり、主体的に行動しやすくなっていきます。

## 自ら責任を持つような「選択肢」を与える

ひとつ注意することがあります。部下に情報提供をして主体的な行動が増えたとしても、失敗ばかりで成果が上がらないこともあるでしょう。企業では必ず成果をあげることが求められます。また、行動しているにもかかわらず成果が出ないと、部下にとってみれば「上司がこういう行動をしろといったからやってるのに……」と、モチベーションが下がる原因になる場合もあります。

そこで、もうひとつ必要なものが「選択肢を与える」ということです。**一方的に情報を押しつけるのではなく、いくつもの選択肢を与えます。**

「○○君はどれがいいと思う？」

こう選択させることで、部下自身が考え、責任を持って行動してくれるように変化していきます。

上司や周囲から言われて行動したことに対しては「言われたからやっている」こと

になるため、部下のなかでは責任感が発生しません。しかし、自分で「これがやりたい！」と言わせることで、人はそのことにコミット（責任を持って約束すること）しはじめていきます。

人は、責任を持ったことに関しては、精一杯成果をあげようとするものです。そうすれば、いずれ成果につながり、ますます好循環になるのです。

## 「こうしろ」と言わないと動かないときには?

NG

「もっと自分で考えて行動しろ!」

仕事の「やり方」「すすめ方」などの情報を部下が理解していない状態で、「もっと自分で考えて主体的に行動してくれ!」と伝えても、部下自身が主体的に行動することはできません。

OK

「○○や△△というやり方があるけど、どうしたらいいと思う?」

情報を押しつけるのではなく、選択肢を与えることで、部下自身が「これがやりたい!」と考えるきっかけになり、主体性と責任を持って行動するようになります。

02

# 話がよく伝わってこない部下には具体的な聞き方をする

顧客のニーズがどんどん高くなり、環境変化がはやくなっています。企業はお客様や市場に合わせて、開発や重要業務の方向性を途中で変更することも珍しくありません。そんななか、上司は部下との迅速で確実な情報共有をもとに、リーダーとして正確な判断やマネジメントを行なうことが求められています。ところが、部下の言っていることがよくわからず、正しい情報のやり取りがされないことがあります。

## 本当は部下も「正しい伝え方」がわかっている

私がかかわっているほとんどの企業の新入社員研修では、「部下から上司への情報伝達の行ない方」というテーマがあります。研修で実際に新入社員を見ていると、とてもわかりやすく正確な情報共有の行ない方を練習・習得しており、この研修の目的や会社側の求める内容通りに実践することができています。

「今回の結果に関してのポイントは3つです。1つ目は○○です。2つ目は○○です。最後に3つ目は○○です。そこで、まずは1つ目から紹介しますと……」というように、理論整然とわかりやすく情報を伝える方法を習得し、それを踏まえて実際に職場へと入って行っています。

ところが、いざ職場に行くと、せっかく新入社員の研修でマスターした理論通りで**わかりやすい情報共有の方法が、上司との間ではうまく機能していない**という現実に直面するケースが多いようです。いったいなぜなのでしょうか。

## 部下は「共感」を求めてくる

上司が部下に求めている話の内容は、仕事の結果や進捗といった業務そのものの内容です。もちろん、部下は新入社員研修でもそのことは十分に学んで習得していますし、頭のなかではわかっています。ところが、報告する部下の頭のなかでは、「事実（情報）と意見の区別・整理ができていない」という問題が発生しています。

上司が部下にいちばん求めていることは「事実（情報）」です。ところが、**部下が**

**いちばん気にしているのは、上司や会社側からの評価であり、「共感」なのです。**そうなると、当然のことながら部下の話のなかには「私はこんなにがんばった!」「こんなに私は他の人よりも大変な思いをしている!」という「部下自身の意見や気持ち」が優先されてしまうのです。部下にとっての最重要事項が、自分自身が話をしている内容が「事実(情報)」なのか、「自分の意見や気持ち」なのか、頭のなかで区別や整理ができなくなってしまうということです。


「先日、何とかアポイントを取って○○さんにお会いしてきたんです」

「それで?」

「本当はその日は他の重要なお客様である△△さんのアポイントが入っていたのですが、△△さんには何とか無理にお願いして、そちらのアポイントはずらしてもらいました。そこで、○○さんと2時間ほど、じっくりと当社の製品に関することをお伝えしたんです」

「それで?」

「すると○○さんから4つの質問が返ってきました。そして……」

「だから結局○○さんは何て言ってたんだ!」

「いや……今はまだライバルメーカーを使い続けるようで……」

「それをはやく言え！」

こうなるのが通常です。この場合、上司の求めている話の内容と、部下のしたい話の内容は完全にズレています。こうした状態が続くと、上司と部下の信頼関係に影響が出てくることは言うまでもありません。

## こちらが知りたい内容を具体的に尋ねる

上司が部下に対して、「もっとわかりやすく言え！」「何を言いたいのかがわからないよ！」と言ったとしても、一生懸命に報告をしている部下にとっては、注意された意味すら理解できないことになります。部下は、「なんだかその日の気分で判断されているようで、たまったものじゃない」などと考えはじめるようになり、関係がギクシャクしていきます。

そこで、部下との情報共有の際には**意見や気持ちではなく、「事実（情報）」を伝えてもらう**ために、「相手先は何と言っていたの？」「相手先の状況と進捗を教えてほしい」というように、上司として求めていることを具体的に尋ねることが大切です。

## 話が長くなってしまう部下には「要約」してあげる

事実（情報）だけを伝えてほしいとお願いしても、どうしても話が長くなってしまう部下もいます。この場合、話を「要約」してあげることで、部下側が抱いている話に対する意識を変えていくことで対処していきます。

人の心のなかには誰でも「自分の話を聞いてほしい」という願望があります。自分の話を遮られた瞬間、モチベーションは一気に下がってしまう人もいます。こうした状況が続くと、「この人に言ってもイヤな思いをするだけだ」という認識が生まれてしまい、正しい情報を迅速に伝えてくれなくなることがあります。

この場合は多少時間がかかっても、最後まで話を聞いてから、「今の話の内容をまとめると2つのポイントでいいかな。1つは○○で、もう1つが○○ということだよね？」と、短く要約してあげます。部下もやがて、「自分の話はそういうふうに短くまとめられるのか」「上司が求めているものはその部分なのか」ということを気づきます。そして、「情報共有はそこが大切なんだ」と感じることで意識を変えてもらうことが可能になっていきます。

# 話がよく伝わってこない部下には?

NG

「もっとわかりやすく言ってくれ！」

上司が部下に求めているものは「結果」ですが、部下は自分の意見に対する上司からの「共感」を求めます。ここでズレが生じてしまい、部下の言っていることがわからなくなります。

OK

「相手先は何と言っていたの？」

話の内容が「事実（情報）」なのか「自分の意見」なのかの区別ができない部下がいます。聞きたいことを具体的に尋ねることで部下の意識が「事実（情報）」に向き、話がわかりやすくなるでしょう。

# 03 「報連相」がない部下にはルールを設ける

上司と部下の関係で絶対に欠かせないのが「報連相」です。情報共有がうまくされなかったことで不祥事が拡大し、大問題に発展してしまうこともあります。どうすれば部下と必要な情報をうまく共有できるのでしょうか？

## 部下との情報共有ができない上司

多くの企業で、若手社員向けに情報共有の大切さを認識させる「報連相」の研修が行なわれています。部下からの報連相は上司にとって重要です。この認識を、部下にははやい段階から身につけてもらうことはとても大事です。

ところが管理職の研修では、多くの上司から「部下との情報共有ができない」という悩みが出てきます。

「こちらから聞かないと部下側からは一切、報連相をしてこない」

「もっとはやく報連相してくれていれば、あんな大事にならずに済んだのに……」

このように、情報共有に関してはやむことなく課題があがってきます。

本当に部下側のミスや怠慢が、上司との情報共有ができない原因なのでしょうか？

## 優先度はその都度確認する

私は部下側の研修も行ないますが、その際、「上司との情報共有について感じること」という質問をしています。すると、どこの企業でも、「**上司に対して報連相がしにくい雰囲気がある**」という返答が圧倒的に多く出てきます。

だとすれば、情報共有不足を解決するためには「報連相がしにくい雰囲気」を変えていくことが必要です。そのための3つのルールがあります。

**①いつ行なうのか？**
**②何で行なうのか？**
**③どういう情報が優先順位が高いのか？**

ということを日頃から部下に伝え、これを仕組み化することです。

「①いつ行なうのか？」は、常にいつでもなのか、休憩時なのか、それとも朝礼や会議時でいいのかを決めておきます。「②何で行なうのか？」は、口頭なのか、メールなのか、電話なのかを決めておきます。

そしていちばん重要なのが「③どういう情報が優先順位が高いのか？」です。情報の優先順位は、数値化しづらい部分があり、各人の心のなかでの判断になってくる部分が多々あります。上司にとっては「その情報はあとでいいよ」と感じていても、部下にとっては「これは今すぐ報告しないといけない」と感じるケースが往々にしてあります。こうした認識の違いを埋めるには、**面倒でもその都度確認し合う**ということです。

情報共有をしてくれた部下に対して、「その情報は非常に大切だから急いでくれて助かるよ」「その情報はいったん保留にして今日の夕方もう1回聞かせてくれるかな」と言うことで、部下の心のなかでは「こういう情報は優先順位が高いんだな」「この手の情報は後回しでも問題なさそうだ」と、上司と部下の優先度合いの違いが埋まっていきます。

# 必要な情報をうまく共有するためには?

NG

「なぜもっとはやく言わなかったんだ!」

部下も「はやく言ったほうがいい」ということは十分わかっています。しかし、上司側で報連相をしにくい雰囲気を作り出していることが、実行できない原因なのです。

OK

「報連相は大切だから、大事だと思う情報はいつでも言ってくれ」

報連相の大切さや、いつ、どういう情報を伝えるべきかなど、ルールをきちんと共有することで、部下は報連相がしやすくなります。

## 04 自分より年上でエラそうにしている部下には無意味にへりくだらない

一昔前は年功序列で、会社に在籍しているだけで給料や役職が自動的に上がっていきました。しかし能力主義となった今、評価制度は大きく変わっています。それまでは上司だったり年上だったりした人が、いきなり自分の部下になることも珍しくありません。そんな元上司や年上の部下とのかかわり方は、多くの上司にとっての悩みの種になっています。

### なぜ年上や元上司の部下との関係性が難しいのか？

「今月の売り上げはまずいぞ、もっとがんばって売ってこい！」

昨日まで激を飛ばしていた上司が、今日からいきなり自分の部下になることは戸惑いますし、お互い心地がいいものではありません。しかし、そうした個々人同士の関係性にかかわらず、組織の一員としては、全員が成果をあげることが求められます。

「会社の方針なので、新たに○○という目標を達成するように取り組んでください」

上司として元上司である現部下に指示や命令を出したとします。こちらとしては、「仕事なんだし、能力もあるんだから会社のためにもがんばってほしい！」と思っての指令です。しかし、部下側（元上司）にしてみたらどうでしょう。

「たしかに部下になったけど、人生ではこちらが先輩だぞ！」

「エラそうに言いやがって……誰が仕事を教えてやったと思ってるんだ！」

こうした不平不満がたまっていくと、当人が「会社や上司のためにがんばる」という意識はどんどんなくなってしまうことでしょう。

## 尊敬の念を抱いていることを伝える

年上の部下、元上司は経験が豊富であり、十分なスキルや知識を持った人が多くいます。それまでは会社や自分の部下のため、一生懸命になって貢献してきた人も少なくありません。本来はどんな役職になったとしても、仕事で成果を残したいのは正直な気持ちでしょう。ただ、元部下だった上司になった人間との関係で、「心地よく仕事ができない」ということがいちばんの壁になってしまうのです。

ですから、まずはあなたとの関係を良好なものにすることが大切です。

**そのために効果的なのは、「あなたに尊敬の念を抱いている」ということを常に伝え続ける**ことです。自分を尊敬してくれている人を応援しない人はほとんどいません。「あなたのことをとても頼っている！」ということを感じてもらうために、次のような伝え方をするといいでしょう。

「新たな目標を達成するために、ぜひ○○さんのアドバイスをいただけませんか？」

アドバイスがほしいというのは相手を立てたり、頼ったりする言い方です。自分を頼られて悪い気がする人はいません。

「こいつは俺のことを頼ってるな。まあそれならアドバイスしてやるか！」

部下はこう感じはじめます。上司であるあなたはそのアドバイスを受けながら、次のように伝えていきましょう。

「なるほど、よくわかりました。では先ほどアドバイスしていただいたこの部分の目標は、○○さんに取り組んでもらっていいですか？」

「まあ、そこまで言うなら仕方ないな！　こいつのためにがんばってやろうか」

部下の心のなかにはこのような意識がはたらき、心地よく動いてくれるようになるでしょう。

## それでも動いてくれないときは第三者の力を借りる

それでも心を閉ざして、心地よく動いてくれない年上や元上司の部下もいるでしょう。こうした場合、第三者の力を借りていくことで対応していきます。

人は相手から直接的に「○○さんは本当に仕事ができるよね」とほめられるとうれしく感じます。しかし、それ以上にうれしく感じるのが、間接的に自分のいい評価を聞くことです。

「○○さんは本当に仕事のすすめ方がすばらしいそうですね。△△さんがこの前、『○○さんのことをとても尊敬してる』って食事中に話してましたよ！」などと言われて気分が悪くなる人はまずいません。

実際にこれを行なうためには、その年上や元上司の部下とかかわりのある人物を常に観察し、その人と意図的に会話を持ちながら、年上部下のいい部分を頻繁に語るようにします。こうすることで、必ず何らかのタイミングで「あの上司があなたのことを尊敬している」という話が伝わることでしょう。

直接には部下を尊敬していると言いにくくても、こうすれば間接的にうまく伝えることが可能になります。その結果、年上や元上司の部下も心地よく動いてくれるようになるでしょう。

## 年上が部下になったときの頼み方は?

NG

「新たに○○という目標を達成するように取り組んでください」

年上の部下にとっては、年下の人間から一方的な指示命令を受けることは気持ちのいいものではありません。さらに、心のなかでは抵抗や反発が生まれ、モチベーションも下がってしまうでしょう。

OK

「目標を達成するためにアドバイスをいただけませんか?」

年上の部下と心地よく仕事をするためにも「あなたに尊敬の念を抱いている」ということをさまざまな形で伝えましょう。自分のことを尊敬している人間のことを応援しない人はいません。

## 05 同僚、後輩の前でえらそうにしている部下にはいい評価を与えない

上司に対しては気遣いもうまく、何でも「はい」というのに対して、自分の後輩の前では態度が一変し、えらそうな態度で振る舞う部下がいます。こうした人間がいると同僚や後輩の不平不満がたまり、チームワークが悪化する要因となっていきます。

### 気をつけたい、ご機嫌取りがうまい部下への評価

私が以前に働いていた職場で、いつも上司である私に対しては謙虚な姿勢で接してくれる部下がいました。もちろん私自身、とても好感を持っていました。

例えば突発的な案件が入ってきたときに私が困った顔をしていると、自ら率先して次のように声をかけてくれるのです。

「何か緊急の用件があったのでしょうか？　武田さんの依頼だったら残業してでもや

りますので、何でも気軽に言ってください」
「本当か！　では急いでるからこの案件を頼んでいいかな？」
「わかりました、がんばります！」

ところがある日、別の部下と同行営業をしたときのことです。私が好感を持っている部下のことで、その部下が言いにくそうに切り出してきたのです。
「ちょっといいですか？　○○さんは武田さんの前ではすごくゴマすりして、何でも言うことをきいてくれるかもしれませんが、私たちの前ではまったくの別人で……あまりにもえらそうで横柄だし、無理難題ばかり言ってきて、みんな本当に困ってるんです」

これを聞いた瞬間、私は自分が情けなくなりました。**自分の機嫌をうかがってくる部下を、表面的な部分だけで評価していた**ことに気づいたからです。他のメンバーに大きなストレスを与えていたことは、間違いのない事実でした。

ここで、その事実を知った上司（私）が「後輩の前ではえらそうにしていると聞いたけどどうなんだ？」などと、伝聞で聞いた話をそのまま問い詰めるとどうでしょう。

「何で上司は知ってるんだ？」
「誰がそんなことを告げ口したんだ！」

間違いなくこのように感じ、犯人探しをしはじめることになります。ゴマすり部下が犯人探しをはじめると、間違いなくチームの関係は悪くなっていきます。こうなると、メンバー同士が険悪なムードになってしまいます。

## 部下の「保身」を利用する

上司の前でゴマをするというのは「上司から他の誰よりもいい評価をもらいたい！」という理由が根底にあります。この部下にとって大切なのは自分の「保身」なのです。**保身を大切にする部下には、期待を込めた言い方で「誰にでも謙虚な○○君の態度は見習いたいな！」と伝えると効果的です。**こう言われた部下の心のなかでは、次のような心理が働きます。

「よし、上司からとてもいい評価を得ているぞ！　でも、もし後輩の前でとっている態度のことが上司に知られたらまずい……その部分は少し変えないといけないな……」

もし自分の評価が下がるようなことがあれば、今までの好評価が台なしになるどころか、マイナスになってしまうと感じます。そのため、これまでの自分の行動を「まずい」と感じ、自ら改めようとしていくようになります。

このちょっとした声がけで、メンバーの関係性を崩すことなく、ゴマすり部下は後輩の前でも謙虚な姿勢でいることを心がけるように変わります。

## 大切なのはスキルよりも人としてのあり方

気をつけたいのは、「自分の保身」ばかりを大切にしているゴマすり部下に、いい評価を与えてはいけないということです。ゴマすり部下は必ず立場によって態度を変えます。この部下がリーダーになった場合、そこでも保身を考え責任を取ろうとしなくなるため、そのチームは機能しなくなってしまうことでしょう。

部下や後輩を持つ立場になると、仕事のスキルも大切ですが、それ以上に「人としてのあり方」が大切になってきます。正論や理屈だけでは相手を動かすことはできません。そこには必ず人間性が必要になってきます。経済学者のケインズも「スキルよりも人としての人間性（どうありたいか？）が大切である」と言っています。

上司として大事なのは、仕事の結果や数字だけを見るのではなく、その人の「あり方」を常日頃から意識して感じ取ることなのです。

## 謙虚な姿勢で後輩に接してもらうには?

**NG**

「後輩の前ではえらそうにしていると聞いたけど?」

「噂で聞いた」という伝え方では、言われた本人は必ず「犯人探し」をはじめます。さらには、それが原因でチーム内が険悪な雰囲気になってしまいます。

**OK**

「誰にでも謙虚な君の態度は見習いたいな」

保身を大切にする部下には、期待を込めた表現を使いましょう。「上司の期待を裏切りたくはない!」という意識になり、周囲に対しての態度も変化していくでしょう。

# 06 すばやい行動ができない部下には感情論で伝えない

仕事では行動してみないと何もわからないということがよくあります。仮説では「こうなるだろう」と考えていたものの、実際は真逆のことが起こることは珍しくありません。トライ&エラーをくり返すことで正解が見えてくるため、まずは実行してみるということが大切です。ところが、考えてばかりで行動しない部下がいます。

## 言ってることは正しいけれど……

私が以前いた職場に、とても論理的で、あらゆるケースを想定しながら石橋を叩いて渡るタイプの部下がいました。それが悪いわけではありません。ただ、考えてばかりでなかなか行動に移さないという点が、大きな課題としてうつりました。

例えば、こんなやり取りがありました。

「○○君、あの件の進捗は今どれくらいなのかな？」

「いや、他のメンバーと比べると、まだその半分もすすんでいない状態です。理由としては○○というケースが起こった事態に備えて、他の部署にその部分の対応を調査してもらっています。もう少しかかりそうなので、そのデータが揃い次第、次のことを考えてみます」


たしかに言っていることは間違いがありません。しかし、「それは理屈だろ……」と感じたくなる部分が多くありました。

私はどちらかといえば感覚で行動するタイプの人間だったので、理屈っぽい部下に対して、どこか苦手意識がありました。そうなると、イライラしてしまいます。

「理屈はいいから考えてばかりいないでさっさと行動しろ！」

「しかしこういうケースが起こったら余計に時間がかかると思います」

さらに論理的に反論をされ、私はそれ以上何も言えなくなり、面白くない気持ちが募る、ということが何度もありました。

## 数字やデータに向き合わせる

「考えること」と「行動すること」のバランスはとても大切です。しかし、まだ経験の浅い部下の場合、考えるよりも行動してみることは、成長という観点では重要です。若い部下が行動することよりも考えることに大きく偏ってしまうと、結果的には成長が遅くなってしまうことになります。

多くの場合、考えてばかりいると「ああなったらどうしよう」「こうなったら困る」などの「ミスや失敗」のイメージが先行してしまい、行動をやめる要因になっていきます。

だからといって、行動を促すためにこのタイプの部下に感覚的なことを言っても、こちらの思うように動いてくれることはありません。

例えば、部下の行動を促すために、「過去のデータにこだわらずに、とにかくパーッと当たって砕けろって感じでいこう！」と言ったとします。すると、このタイプの部下は、心のなかで上司を否定することは間違いないでしょう。

**こうした論理的な部下には、数字やデータに向き合わせることが大切です。**

**「いい慎重さだね！　ところでそれは今まで何％当たってたのかな？」**

米国ミシガン大学の研究チームが行なった調査に、心配事のうち起こる確率は20％のみで、80％は起こらないというデータがあります。

このタイプの部下は、過去のデータや数字には信用をおく傾向があります。そのため、過去の出来事の発生率が何％なのかということにはやい段階で気づかせることで、データという事実に向き合った部下の行動を促すことができるようになっていきます。

## 考えずにすぐ行動する部下には？

逆に、考えずにすぐに行動ばかりを優先してしまう部下に対しても、もちろん気をつける必要があります。例えば、次のような質問をしてみます。

「あの件がうまくいった理由はどこにあるんだろうか？」

「とにかく行動したのがよかったのではないでしょうか？」

こういう部下は、仕事がうまくいったとしても、その要因がわからないため、再現性がなく、行動が行き当たりばったりになってしまうのです。先のミシガン大学の例でも、心配事のなかで起こる20％のうち、16％は事前に考えて準備をしておけば起こらなかったというデータがあります。

「○○君、今回のことがうまくいった要因（いかなかった要因）をいったん考えてみようか？」

こう伝えることで、行動する前に、準備して考えることの大切さの意識づけを行なうことができます。

# 部下のすばやい行動を引き出すためには?

NG

「理屈はいいから考えてばかりいないでさっさと行動しろ!」

論理的に考えることはとても大切ですが、考えてばかりいると「ミスや失敗」という恐れや不安で行動が止まります。また、感情論で伝えても、すばやく動くことはないでしょう。

OK

「それは今まで何%当たってたの?」

ほとんどの心配ごとは実際には起こりません。その事実を感情論ではなく数字で考えさせることで、論理的な部下は考えすぎて行動できていないことに気づくことができるでしょう。

07

# 「こうします!」と言いっぱなしの部下には「なぜできてないんだ!」と攻めない

「私はこの目標を達成するために、今月はこれをやり遂げます!」

部下が自分から主体的に宣言し、実際に目標を達成してくれれば理想的です。目標に向かって宣言したことを着実に実践することは、部下の成長にもつながっていきます。

## 宣言した部下はやりたくないわけではない

ところが、「これをやります!」という発言だけは立派で、着実に実践しない部下がいます。最初の少しだけはやるものの、その後の行動がまったく伴っていないということも少なくありません。

こうなると上司として困るだけではなく、周囲からも「あいつはいつも立派なことを言うだけで結局、何もやらないじゃないか」と信頼を失うことになり、メンバー同士の信頼関係がおかしくなってしまいます。上司としては、放置できない大きな問題です。

部下が最初に宣言したということは、**心のどこかでは「よし！ 今回こそがんばろう！」と考えている**はずです。自分の評価を上げたい気持ちがあり、何とかがんばろうとするのです。それが結局続かないのは、何かが壁になってしまっているのです。

そのときに、上司が部下の実行しない理由を知ろうと、「なぜ自分で言ったことをやってないんだ！」という言い方をしたらどうでしょうか。

「俺だってやりたくなくて、その場しのぎで言ったわけじゃないし……」

「そこまで言わなくてもいいんじゃないかな……」

部下は心のなかで威圧感を感じ、反発心や抵抗感が生まれていきます。これでは、何が壁になっているのかわかりません。さらに悪いのは、反発心や抵抗感を持った部下は、モチベーションが確実にダウンしていくことです。

## 毎日の「報告義務」が部下の行動を変える

何が壁になっているのかを明らかにし、改善するためには、**「報告義務」を設けるということが必要です。「毎日（毎週）目標に対しての進捗を確認しよう」と伝えていくと効果的です。**

報告により、まずは「できた理由」「できなかった理由」が明確になり、上司と部下が一緒に考え、双方の改善部分が見えてくるのです。

多くの企業研修では、研修の最後に「私はこれから3か月間○○します！」と宣言してもらうことが一般的です。しかし職場に戻り、上司や周囲への報告義務がない場合、部下は日々の忙しさに追われてしまい、宣言内容をほとんど実行できないというケースをよく見聞きします。そのため私の研修では、職場に戻ってからも上司に対しての自主的な報告義務を推奨しています。

次に、報告をすると、自分が宣言したことを実行する確率が一気に高まります。

例えば部下が、できなかった理由に対して次のように報告したとします。

「今日はこういった割り込み仕事が急に入ってきたので時間が作れませんでした」

こうした報告があれば、上司として部下の改善ポイントをつかむことができます。

「そうか、割り込み仕事は他のメンバーと協力して時間効率を高めていこう」

こうなると、その部下だけでなく、他のメンバーの仕事の質を高める改善につながることにもつながります。

## 忙しくても部下のために時間を作る

報告を受けるということは、当然のことながら、「上司も部下のために時間を作る」ことが必要になります。

プレイングマネジャーが増えているため、多くの上司が、「自分に与えられた目標を達成するのも大変なのに、部下の話を聞いている時間はないよ」と感じています。

しかし、上司として、自分の部下の話を聞くことは非常に大切な仕事です。自分のことだけをやっていたとしたら、いつまで経っても部下が思うように動いてくれることはありません。

**上司として、部下の話を聞くことを義務として考えてみてください。**毎日（毎週）

のなかで、例えば「夕方のこの時間に話をしよう」とスケジュールを決めておけばいいのです。スケジュールを決めることで、それまでの時間を見越した仕事のすすめ方ができるようになります。部下にとっても、「私のために時間を取ってくれてるんだから、しっかりやらないとな！」と感じ、積極的な行動をしやすくなります。

まずは上司自身が言ったことを守るという姿を見せることが、部下の有言実行にもつながるでしょう。

# 部下が言ったことを確実に実行してくれるように動かすためには？

## NG

## 「なぜ自分で言ったことができてないんだ！」

宣言したことをできていなからと攻めるだけでは、部下の行動は改善されません。さらに、言ったことをやらない部下は周囲の信頼もなくしてしまうため、チームとしても大きな問題でしょう。

## OK

## 「毎週、目標に対しての進捗を確認しよう」

言いっぱなしの部下には「報告義務」を設けましょう。「できた理由」「できなかった理由」が明確になることで、部下自身が言ったことを実現するためのきっかけや改善につながります。

Column 1

# 昔は「権力」、今は「協力」

「IT革命」など、さまざまな時代変化によって、ビジネスのやり方は大きく様変わりました。これだけビジネスモデルに変化が起こったにもかかわらず、変わっていないのがリーダーシップのスタイルです。

いまだに「権力」を使って、「こうしろ」と部下を動かそうとする上司が多くいます。もちろん、お客様のニーズが明確な時代はそれでも結果が出て、企業は繁栄していきました。しかし明確な答えが見えづらい今の時代、過去の成功体験は通用しません。それをうすうす感じてはいながらも、「自分がそうされてきたから」「部下をラクにコントロールできそうだから」という理由で、旧態然とした指導法がマネジメントだと勘違いしています。つまりはそういったやり方しか知らないのです。

ところが、今の時代に合っていないマネジメントを受ける部下の側としては、モチベーションが下がることは間違いのない事実です。お客様のニーズが見えにくい今の時代、現場のことを把握している部下に仕事の権限を委譲し、最新の動向を把握し、チームを正しい方向に導くことが上司としての大切な役割になります。

ここで必要なのは「権力」ではなく、部下への「協力」です。部下との情報共有の時間を取り、仕事でつまずいているところがあればすすんで「協力」しましょう。そうすると、部下が仕事で大事なポイントに気づき、成長していきます。上司はさらに忙しくなることは必然ですが、部下を持った以上、上司としての器を日々磨き、レベルアップしていく必要があるのです。

# 第2章

# 「考え方や価値観が合わない」部下には？

# 08 仕事を頼むとイヤそうにする部下には権限で依頼しない

人数が減っているのに仕事量は増えているという職場が少なくありません。上司としては、部下に思い通りに動いてもらい、モチベーション高く仕事に取り組んでもらうことは大切なことでしょう

## 権限による依頼はモチベーションを一気に下げる

「○○君、他の部署から急ぎの案件の依頼が来たから今すぐ取りかかってほしいんだ」

こう言って仕事を依頼すると、明らかに嫌そうな顔をする部下がいます。任せる側としては、仕事なので「やって当たり前」という気持ちが働きます。ただ、どうせやるなら快く引き受けてほしいのが上司の本音です。

「なぜもっと快く仕事を引き受けてくれないんだ……そんな嫌そうにするなら俺がや

るよ」

こう心のなかで叫びながら、上司自身が仕事を抱え込んでしまうケースもよく聞きます。

ただ、こうなると部下の成長を止めてしまうことになります。さらにはマネジメントがうまくいかない状態が続けば、上司自身の成長も止まってしまうことになるでしょう。

だからといって「急いでるから月曜日までにこの資料を作っておいてくれ！」と、上司の立場を利用して、部下に「こうしろ！」と伝えるとどうでしょう。それを快く受け入れる部下はまずいないでしょう。上司の権限を利用した言動や態度に対して、部下は**「ヒト」としてではなく「モノ」として扱われている**ニュアンスを受けるからです。

## 相手への「信頼」をベースにした依頼をする

部下に仕事を依頼する際に大切なのは「信頼」をベースにすることです。それをベースにしたものが部下への「相談」という方法になります。

**「○○君、この案件のことだけど、どうしたらいいと思う？」**

**このように他人から相談されるということは「あなたのことを信頼して聞いている」「あなたのことを十分に認めているよ」というメッセージになります。**

さらに、それが自分よりも上の立場の人から相談されればなおさらです。部下を動かすのがうまい上司は、すでに答えがわかっている仕事や案件でも、意図的に部下に対して「どうするのがいいかな？」と相談を持ちかけています。

相談のなかでも特に効果的なのが、「あなたを必要としている」というものです。

「急ぎの仕事があるんだけど、○○君の力を貸してくれないか？」

こう言えば、「上司は自分を必要としてくれてる、自分の力を認めてくれてるんだ」と感じるでしょう。

「モノ」ではなく「ヒト」として十分に大切にされている、必要とされていることがわかり、やりがいを持って仕事に取り組むようになっていきます。

## 仕事を頼むとイヤそうな顔をするときには?

NG

「至急この資料を作っておいてくれ!」

上司としての「権限」「立場」を利用した仕事の指示では、部下は威圧感を感じ、抵抗や反発を招いてしまいます。部下のモチベーションは一気に下がってしまうことでしょう。

OK

「急ぎの仕事があるから力を貸してくれないか?」

「信頼」をベースに、「君の力を貸してほしい!」と言うことで、部下は「上司から認められている」と感じ、快く引き受けてくれるようになるでしょう。

# 09 いつも言いわけばかりしている部下には最初から否定をしない

仕事での「失敗」は、できるだけ味わいたくないのは当然ですが、失敗からの学びを活かすことで、さまざまな新しい展開が見えてくることもたしかです。ただし、失敗しても、毎回言いわけばかりで学ぼうとしない部下がいます。

## まずは部下の意見を否定せずに受け止める

「お客様の言っていることが無理難題ばかりで、もう対応できません」
「今のウチの商品レベルではライバルメーカーには勝てない気がします」
「会社の方針はわかりますが、やはり最初から目標が高すぎると感じます」

こうした言いわけを部下から聞かされると……

「なぜ毎回、言いわけばかりするんだ！」と怒ってしまいたくなるのが本心です。しかし、部下の言ってくることには、「まずは否定をせずに」しっかりと耳を傾けることです。

もし最初の段階で否定をしてしまえば、部下は、「この人に何を言っても結局は否定されて追いつめられる……」と感じ、以降は積極的に近寄ってくることがなくなってしまいます。こうなると、現場の情報が部下から上がってこなくなり、上司として正しい判断ができなくなってしまいます。

## 「他人ごと」から「自分ごと」へ視点を変えさせる

言いわけばかりしている部下をそのままにしていると、本人がその失敗から学んで成長することができません。なぜなら、言いわけのほとんどは「他責」になっているからです。

こうした部下は、自分ができない理由を他人のことや環境的な要因のせいにして、「どうしようもないことばかりだ」と結論づけます。これでは今後も同じ失敗をくり返すことになってしまうでしょう。

部下も失敗したいわけではなく、一生懸命がんばっているはずです。それでも失敗をしてしまい、自分ではどう考え、どう行動していいかがわからなくなっているのです。そのため、**部下の視点を変えてあげることが上司として大切な役割になります。**

部下の意見を否定せず、意見を受け入れながら、次のように伝えてみましょう。

**「よくわかったよ！　では次にやるとしたら何を変えたらいいと思う？」**

こう言うことで、部下自身がどうしたらいいのかを考えさせることができます。この結果、部下は次のように意識が変わります。

**・他人ごとが自分ごとになる**
**・自分がやるべきことが明確になる**

すると部下の発言も変わってきます。自分の行動や意識の部分を変え、自分が決めたことを実践する発言をするようになり、言ったことに対して責任感を持つようになっていきます。

「次は○○を事前に準備して、お客様の意見にも対応できるようにしたいと思います」
この状態になれば部下にとっても「失敗から学ぶ」ことが可能になります。そして、言いわけをすることも少なくなっていくでしょう。

## 部下の意見にはヒントが多く含まれていることも

ところで、失敗した部下が言うことを「言いわけ」だと決めてかかることにも注意が必要です。一見ただの言いわけのように聞こえても、実は部下の発言や意見に、ヒントがたくさん含まれていることもあります。それが**上司にとっても、これまで気づいていなかったことを考えるいい機会になります。**

例えば部下から、「今までのやり方より、こういうやり方が効率的だと思います」と言われてよく考えてみると、たしかにそのほうが今の時代には確実に合っているということもよくあります。

「以前からやっているから」という固定観念が先行し、確実に効率が悪いことをやっている例を、今でも多くの会社で見かけます。まずは目の前にいる部下の意見をしっかりと聞くことです。その中身に応じてうまく対応していきましょう。
仕事の質も高まり、部下の主体性を引き出すことにもつながっていくことでしょう。

## 部下が失敗からの学びを活かせるようにするには？

NG

「なぜいつも言いわけばかりするんだ！」

言いわけをしたいわけではない部下を全否定してしまうと、追い詰めてしまうことになります。まずは言いわけを受け止めてから、視点を変えさせるようにします。

OK

「次にやるとしたら何を変えたいと思う？」

言いわけをする部下には「他責」から「自分ごと」に視点を変えさせるサポートが大切です。他人のせいではなく自分で考えて、意識や行動を変えさせるようにしましょう。

## 10 何回も同じことを言わせる部下には「わかったつもり」で済まさない

仕事での目標は上から降りてきます。上司は会社から降りてきた仕事の内容や情報に関して、忙しいなかで部下に的確な指示や情報共有を行ない、目標を達成する支援を行ないます。ところが上司が事前にしっかりと情報共有を行なっているにもかかわらず、何回も同じことを聞いてきたり、でき上がった成果物が言ったことと違ったりするということがあります。

### お互いの「わかったつもり」がズレを生む

先日、ある大企業の開発部門で課長を務める友人と食事をしていたときのことです。こんな悩みを打ち明けてくれました。

「仕事中に何回言っても理解しない部下がいるんだ。先日も急ぎの新規の開発案件があって、いろいろ事前に情報共有したのに、結局提出してきたものがこちらの言ったことと違って……。納期が間に合わず客先からクレームがくるし、新規のお客様を逃しちゃって。こういうのが何回も続いて、もう頭が痛いよ」

同じような経験を多く持つ自分も、「わかる、わかる」と共感してしまいました。

背景にあるのは、上司と部下の情報共有がうまくいっておらず、お互いの認識や理解にズレが生じていることです。

このタイプの部下に「前にも言っただろう！　何回言ったらわかるんだ！」などと叱責したとしたら、どうでしょう？

「言われた通りにやってるのに……何でそんなに怒られなきゃいけないんだよ」

こうした反発心が生まれることは明白です。そして、部下が距離を置きはじめてしまい、今後の仕事で部下がわからないところがあっても上司に聞いてこなかったり、確認してこなかったりするという事態に陥ってしまいます。

## 面倒でも「双方向」で情報の確認を

情報共有がうまくいかない責任は、上司の側にもあります。

多くの上司が「部下にきちんと伝えた＝部下がきちんと理解できている」と考えています。しかしこれは大きな勘違いです。上司からの「一方的な情報共有」は、間違いなくズレが生じるという事実があるのです。

研修では、「一方的な情報伝達ゲーム」を2名1組で行なうことがありますが、伝えた情報が互いの頭のイメージのなかで100％確実に合っていたという結果は、ほぼありません。同じものを見たり聞いたりしても、人によって感じ方や受け止め方が違うということが往々にして発生するからです。

上司が情報共有を確認した際、「わかりました！」と言う部下は多くいます。しかし、実際には理解のズレが生じていることがとても高いのです。**情報共有の質を高めるためには、「○○君、理解できているかどうかを確認しようか？」と「双方向での情報共有」を行なうようにしていきましょう。**

「今の内容でわかったと思うけど、念のために復唱してもらえる？」

このように双方で頭のなかにあるイメージを発信し、面倒でも確認していくことでズレをなくすことが可能になります。

## 情報共有に時間をかければかけるほど成果があがる

「部下と徹底した情報共有をしてください」とお伝えすると、「情報共有に時間をかけている時間なんてないよ！」と言われることがあります。

たしかに、ある程度の時間が必要になります。しかし情報共有に多少時間がかかったからといって、仕事の効率が悪くなることはほとんどありません。なぜなら仕事で時間がかかったり、成果があがらなかったりする原因は「情報共有」の質が低いことにあるからです。

しっかりとした情報共有をしていればミスがなく、仕事のプロセスがはやくなっていきます。先の研修のゲームでも、情報共有に倍の時間をかけたチームが他のチームよりも約半分の時間で質の高い成果物を完成させていきます。

ところで情報共有でいちばん認識やズレが生じやすいのが、途中の経過・進捗情報です。多くの場合、最初はしっかりとした情報共有がされますが、それが続かないということがよくあります。こうなると、途中ですすめ方が間違っていたり、方向転換があったりしたときに対応が難しくなってしまいます。

そのような事態を避けるためには、「今、何%くらいすすんでいるかな?」「何か不明点はないかな?」と具体的に部下に尋ねていくことです。そうしておけば、逆に部下側から定期的な中間報告をしてもらうことも可能になっていきます。

## 理解度が低い部下には?

NG

「何回言ったらわかるんだ!」

上司は「きちんと言ったはず」が、部下にとっては「言われた通りにやっている」というのが現実です。いちばんのポイントは「互いにわかったつもりになっている」ということです。

OK

「理解できているかどうかを確認しようか?」

同じニュアンスで伝えても受け止め方は千差万別なので、双方向での確認が大切です。情報をしっかりと共有確認することでミスやムダが減り、仕事の効率は確実に高まっていきます。

# 11 言ったことさえやればいいと思っている部下の実績をほめない

状況を敏感に察知し、こちらが細かく言わなくても「こうしましょうか？」と言ってくれる部下は本当に助かりますし、仕事の効率もよくなります。しかし、「上司が言ったことさえやっていればいい」という部下も多くいます。こうなると、上司としては常に部下に対して指示命令を与え続ける必要がありますし、時間がどんなにあっても足りなくなります。

## 言ったことしかやらない理由

「言われたことだけやっていても結果は出ないぞ！」

上司として部下にもっと考えて行動してほしいと考え、こうした激を飛ばすとどうでしょう。

「そんなことはわかってるよ」

部下はこう感じるのが本音ではないでしょうか。

なぜ部下は抵抗をするのか？　いちばんの原因は上司の視点が「結果重視」になってしまっているということです。

## 結果以上にプロセスで評価する

経営者や上司という立場であれば、重要なのは「結果」であり、それが最大の評価基準です。ただ、結果は経営者や上司が気にすることであり、部下に対してこれを求めてしまうと「結果のみの評価」をしてしまうことに陥ります。

**プロセスを評価しなくなると、部下の成長を促す機会を逸します。**部下がどんなに自分でプロセスを工夫しても、結果しか評価されない場合、いずれは無難な方法ばかりを考えるようになってしまうのです。

さらに、よく聞くのが次のようなケースです。

部下が自分で考えて、仕事のプロセスをいろいろと工夫してみたにもかかわらず、うまくいかなかった場合のことです。結果重視の上司はこのように言ってしまいます。
「なんでそんなやり方をしてるんだ！」
「俺が言った通りのことをなぜやらないんだ！」

こうなると、「工夫しても怒られるんだったら考えないほうがいい」と部下が感じることは間違いありません。

この部下は、上司から言われたやり方しかやらなくなっていきます。たとえ失敗したとしても上司から言われたことをやっているので、大して怒られずに済むという考えが発生するからです。すると、「上司から言われたことだけをやっている」というように、無難に仕事を行なうようになり、成長力が乏しい部下が大量に発生してしまうことにつながります。

ここで大事なことは、「部下が考えて行動したことを評価する」こと、つまり結果に至るプロセスも評価することです。

**「今回、自分で考えて行動した部分はとても評価できるよ」と伝えることで、「そうか！言われたことだけでなく自分で考えて行動したほうが上司にとってもいいんだ！」と**

**部下に感じさせることができます。**

こうなると、「よし！　次回も挑戦しよう」と部下は感じ、モチベーションアップにつながっていきます。

## 部下が行動を改善する「クセづけ」も意識する

部下が自分で考えて行なった業務でも「必要のなかったこと」「やりすぎていること」があるでしょう。頭ごなしにそのことを強く言えば、「結局、自分で考えると怒れるんだ……」と感じられてしまい、言われないと動かない部下に逆戻りしてしまいます。

そこで、まずは部下の取った行動やプロセスを認めたうえで、次のように伝えましょう。

「○○君のあのやり方、よかったと思うよ。今後はさらにこうすると今回よりも効率があがると思うけど、どうかな？」

「今後はさらにウチの方針に合うように○○のようにしてもらえるとうれしいな」

これをくり返すことで、部下の仕事のすすめ方も、「これはやったほうがいい」「これはやらないほうがいい」という基準が鮮明になります。その結果、自分で考えて行なうことの質が高まり、上司が言わなくても、自発的に動き、結果も出せるようになるはずです。

## 言ったことしかやらない部下には?

**NG**

**「言われたことだけやっていても結果は出ないぞ!」**

こういう言葉の背後に結果のみでしか評価されないという態度があると、部下にはプロセスは関係なくなり、失敗しないように、上司から言われた通りにしか動かなくなります。

**OK**

**「自分で考えて行動した部分はとても評価できるよ」**

行動やプロセスを評価することで、部下は「そうか! 自分で考えて行動を起こしたほうがいいんだ!」と感じます。部下の挑戦心に火をつけることが可能になるでしょう。

12

# 自分で責任を持とうとしない部下には権限の範囲を明らかにする

チームとして成果をあげていくためにも、部下には自分で責任を持って判断し、行動を起こしていってほしいと感じるのが上司の本音です。

## なぜ部下は自分で判断しないのか?

「その件は私が責任を持ってやります!」

部下からのこうした発言を、上司であれば誰でも待ち望んでいることでしょう。ところが部下自身で判断可能なことでも、必ず上司に判断を仰ぎ、自分では考えず、責任を持たないようにする部下がいます。

部下にとってみれば、上司から言われた通りのことをやるだけで「責任」が発生しなければ、ある意味ラクかもしれません。

ところが、**責任が発生しなければ、人は目標を何が何でも達成しようとは思わなくなってしまいます。**さらには何をやっていても「作業」になってしまい、仕事を楽しめず、モチベーションが下がる要因にもなってしまいます。

責任を持たない仕事を行なっていても、上司や会社の評価が上がらないことは部下自身も頭では十分理解しているでしょう。だからといって「そのくらいもっと責任を持って判断しろ！」と言っても部下は変わりません。どうすればいいのでしょうか？

## どこまで部下に責任を持たせるかを明確にする

その大きな原因が、上司が部下に与える「権限の範囲が不明確」ということです。

上司として、部下全員の仕事に指示命令を細かく出し続けることは不可能です。そこで部下に権限委譲を行なうのですが、上司の側が与える権限の範囲をわかっておらず、部下もどう判断してよいか迷ってしまうというケースを見かけます。こうした場合、部下との間で委譲する権限の範囲を明確にしておくことが大切です。

「〇〇の部分は自分で判断してほしいが、△△の部分は随時確認してほしいんだ」

このように、**具体的に数字や名称をあげて情報共有する**ことが大切です。最初だけではなく、随時情報共有することで部下の頭のなかの判断基準はより明確になっていくことでしょう。上司としてもこの確認により、どこまで部下に任せればいいのかというポイントをつかむことができるようになります。

## 部下への権限委譲には上司の我慢が必要

しかし上司としての実力がないと、部下に権限委譲をすることができません。権限を委譲したからといってすべての責任が部下にあるかといえば、そうではないからです。

部下が自分で判断したことで失敗したり、目標が未達成だったりすれば、それは部下本人の責任でもあります。しかし、会社側から見ると、部下の失敗や未達成は上司の管理責任と判断されます。だからといって、「自分がやったほうがはやいから」などの理由で権限委譲をやめてしまえば、いつまでたっても上司の仕事は減りませんし、部下が成長する機会を奪うことにもなってしまいます。

上司は常に部下の行なっていることや考えていることを影で察知しながら、自分でやりたい気持ちを抑えるという我慢は絶対に必要になります。

## 自分で判断しようとしない部下には？

NG

「そのくらいもっと責任を持って行動しろ！」

権限の範囲が不明確な状態で「もっと責任を持って判断しろ」と言っても、部下の心のなかでは疑問ばかりが膨らんでしまい、結局状態が変わることはないでしょう。

OK

「○○の部分は自分で判断してほしいが、△△の部分は随時確認してほしい」

部下との間で委譲する権限の範囲に関して、具体的な数字や名称などで事前に情報共有しておくことで部下の判断基準が明確になり、部下の成長を促すことが可能になるでしょう。

13

# すぐに会社を休む部下には疑るような質問はしない

前日の帰社時には特に変わった様子もなかったのに、朝になると突然電話やメールで休みを申請してくる部下がいます。上司とすれば「本当なのか？」と疑いたくなるのが正直な気持ちでしょう。

## 言いすぎるとパワハラ扱いされてしまう

ある会社で多くの若い部下を抱えている友人と話をしていたときのことです。

「今の若手は信じられないよ。急がしいときにかぎって突然休むって連絡してきて……。しかも一度ならともかく、休みをくり返す部下までいて本当に困ってるんだ」

これを聞いた私は驚いて、「そんな突然？　それも何回もくり返すって本当に体調悪いわけ？」と何度も聞き直してしまいました。

私が新人だった頃は、風邪で体調を崩してしまったときなど、どうしても仕事に行けないと上司に電話しようものなら、「お前は気合いが足りないんだよ！　這いつくばってでも今すぐ会社に来い！」と怒鳴られたものです。当時は「そこまで言わなくても……」と感じましたが、今になって考えるとそれが上司という立場としての本音なのだなと感じます。

今の時代、そんなことを言えば「それはパワハラだ！」と騒がれ、大問題になる場合もあるでしょう。しかし、休む人がいると、その人が抱えた仕事を放っておくこともできず、周囲への負担が増えることは間違いありません。また、何度もこうした欠勤を容認していくと、「何でいつもあいつばかり……」と周囲の不平不満もたまり、チームとしての人間関係がおかしくなってしまいます。

だからといって、ここでもし、「本当に体調が悪いのか？　みんなも困ってるんだ！」と疑いを持っていることを伝えたとします。「自分は疑われてるんだ……」と部下は感じ、どんどんモチベーションが下がってしまうことは明白です。

## 入社3年以内の離職率が高い意外な理由

**よく休む部下がいる場合、気をつけたいのはその部下の「心の状態」です。**突然の休みをくり返すというのは、部下からの何らかのサインかもしれません。最近多くなってきた例として、どんなに成果をあげている場合でも、上司や周囲から「無関心」にされていると感じると、心が病んでしまう人がいるというケースを見かけます。これには理由があります。

人は周囲から無関心にされた状態が続くと、「不健全行動」を起こしてでも、周囲の気を引こうとしてしまうという心の仕組みがあるのです。

例えば子どもが母親と買い物に行ったときに、母親がその場で近所の友人と話し込んでしまったとします。すると、ほったらかしにされた子どもはイタズラをはじめます。もちろん「そうすると母親に怒られる」と頭ではわかっているのですが、一方で、そうすることで「何をしてるの！」と叱られても、母親からの興味関心を引くことが可能になります。すると子どもの心は、**ネガティブなかかわりでも満たされはじめる**のです。

これは子どもの例だけではありません。新入社員時代は周囲からチヤホヤされていたのに、2年目、3年目になると周囲は新しい社員に関心を持ち、徐々にかかわりが減ることがあります。すると、チヤホヤされることに慣れていた社員は、頭では「叱られる」とわかっていても、周囲からの興味関心を求めて遅刻をしたり、ひどいケースではコンプライアンス違反まで起こしてしまったりするといった例が増えているのです。よく、「入社3年以内の離職率が高い」と言われますが、これが要因のひとつとも言われるようになってきています。

## 部下に興味関心を示しているか？

「自分は上司から興味関心を持たれているか？」ということが部下のモチベーションの大きな源泉である以上、上司は常に部下に「愛情を持って接すること」が、現代では大きく求められているのです。いきなり休みを取る部下には、上司として「**部下に興味関心を示しているか？**」「**部下に愛情を持って接しているか？**」ということを自分自身で確認してみる必要があります。

「会社のことを真剣に考えてくれて、何かのストレスがあったのかな？」と考え、気遣いを持った態度で接することが大切です。部下が不健全行動を起こしたとき、上司は「あなたを心配している」というメッセージを発信することが大切です。これをきっかけにして、会社を休んでしまう理由をしっかりと話し合うこともできます。

もし部下が心の病気になってしまえば、上司の監督責任が発生するのはもちろん、周囲へのマイナスの影響は避けられないでしょう。そうならないためにも、上司は常に部下に対し、愛情を持って接することが大切な役割だという認識を持っておくことが必要なのです。

## すぐに会社を休む部下がいたら？

NG

「本当に体調が悪いのか？　みんなも困ってるんだ！」

疑いを持った言い方をすると、部下は「疑われている」と感じ、モチベーションは下がってしまいます。さらに本当に体調が悪い状況だったとしたら、パワハラ発言ともとられかねないでしょう。

OK

「何かのストレスがあったのかな？」

部下がいちばん気になることは「自分は上司から興味関心を持たれているだろうか？」ということです。上司として常に愛情を持って部下と接することは、とても大切なことなのです。

# 14 会議で発言しない部下に発言を強制しない

顧客が要求する高いニーズに応えるために「正解発見」が必要になってきますが、上層部も明確な答えが見えていないことが多くなっています。その正解の鍵を握るのは、お客様に近い立場にいる部下である若手のメンバーです。彼らの意見を集約する会議の場はとても重要です。

## 部下が感じる「意見を受け入れられない」という恐れ

ところが多くの会社で「部下やメンバーが全然発言しない」といった声をよく聞きます。こうしたとき、上司は部下に対して「もっと発言してくれないと困るよ！」と言ってしまいがちですが、こう言われた部下は次のように感じます。

「どうせ言ったって受け入れられないし……」

「全員の前で否定されるくらいなら言わないほうがマシだ」

これでは貴重な現場の情報をキャッチするどころか、部下のやる気が低下していく要因となってしまいます。絶対に言ってはいけないフレーズです。

## 意見を受け入れる会議の空間のつくり方

せっかく意見を述べても、反論されたり、採用されなかったりするケースは多々あります。しかし、意見が採用されないことと否定されることは、まったくの別物です。この部分の認識を、部下には感じてもらう必要があります。そのために、**事前に部下から話を聞いておく**といいでしょう。

例えば、会議で話し合うテーマは事前にわかっていることがほとんどなので、そのテーマに関する意見を前もって部下に聞いておくのです。そして、いざ会議の場では部下に対して「○○君、先日のあの意見は俺も同感だからここで提案してみてくれないか」というように、「共感しているぞ」という安心感を抱かせれば、部下も発言しやすくなるでしょう。

このように上司が言うと、他のメンバーも自然と賛同していきます。部下にとってみれば、採用されなくても会議のメンバーから、「なるほど、そういう考えもあるのか」「その意見は検討してみてもいいかもね」と肯定的に受け入れられる部分があれば、勇気を出して発言することにメリットを感じるようになっていきます。そのためにも、上司は部下の意見を肯定的に受け入れることを前提とした会議の空間を創造することが必要です。

それでも発言しないときは、部下や若手のメンバーから**意見を順番に聞いていく**と効果的です。こうすることで、意見を言いやすい安心した場を創造することができていきます。

また、**司会者を意図的に部下の持ち回りにする**ことで会議に慣れてもらい、本人の次回からの会議での発言を促すこともできます。ただし、司会進行には会議での発言とは別のスキルも必要になる場合があります。そういった場合にはしっかりと「司会マニュアル」などを用意する工夫なども必要になるでしょう。

いずれにしても、部下には安心して発言できるという意識を持ってもらうことが大切になります。

# 会議で積極的に発言してもらうには?

NG

「もっと発言してくれないと困るよ!」

部下も会議で発言することが大切なことはわかっています。そんな部下が発言しないのは、「全員の前で否定されてしまう」「言っても受け入れられない」といった不安や怖れがあるからです。

OK

「あの意見は俺も同感だからここで提案してみてくれないか」

部下が発言しやすいように、安心した場を作ることが大切です。部下に対して「君の意見に共感している」というメッセージを伝えることで、部下は安心して自分の意見を発言するようになります。

Column 2

# 「話す」より10倍難しい「聴く」こと

部下の話を真剣に「聴く」ことが大切だと、よく言われます。部下は上司から真剣に話を聴いてもらえればモチベーションが高まり、上司への信頼も厚くなります。なぜなら「聴く」という行為は「あなたのことを受け入れて承認していますよ」というメッセージになり、「ほめる」ことと同じ効果をもたらすからです。ところが、部下が一生懸命に話をしていても、途中で遮ってアドバイスをしはじめる上司が多くいます。

よくカウンセラーの仕事をしたいという人に、何十時間も「聴くトレーニング」を行なうことがあります。しかし、それだけ多くの時間を使っても、誰もが「聴く」のは難しいと言います。なぜなら、人は相手の話を聴いていると、自分の経験や知識から「こうすればいいのに！」といったアドバイスが思い浮かんでしまうからです。そして「相手から承認されたい」「役に立ちたい」という欲求が優先されてしまい、気がつくと相手の話を遮ってしまうのです。

どんなにいいアドバイスをされても、人は自分の話を遮られると「否定された」と感じ、一気にモチベーションがダウンします。部下の話を真剣に「聴く」ことのできない上司が、部下からの信頼を得ることは絶対にできません。部下の話を真剣に「聴く」ことだけで、部下のモチベーションを高めることができます。そうなると、今度は部下が上司の話を真剣に受け入れるようになるでしょう。

# 第3章

# 「タイムマネジメントができない」部下には？

## 15 納期や約束を守らない部下には「なぜ?」で問い詰めない

期限や納期が守られなくても「仕方がない」などと悠長にかまえていられる仕事はまずありません。部下に約束を守らせることはとても大切です。

### 「なぜ?」では人の育成はできない

部下もいくつもの案件を抱え、それを同時並行ですすめているなど、大変なことは上司としても十分理解しています。しかし、約束したからには必ずその期限を守ってもらうことは必要になります。

そのときに部下に対して、こう問い詰めるとどうでしょう。

「月曜日までに終わらせないとまずいと言っていたのに、なぜやってないんだ!」

黙り込んでしまう部下もいるでしょうし、なかには反発してくる部下も出てくるかもしれません。そうなると改善や成長を促すことは難しくなってしまいます。

**仕事の改善では「なぜ？」を繰り返すといいということがいわれています。しかし、勘違いしている人が多いのですが、それは「業務」の改善にいいのであり、「ヒト」の育成にはよくありません。**

人は相手から「なぜ？」と言われると、「あなたが悪い」と問い詰められていると感じてしまいます。「責任追及」で責められているという感覚を覚え、威圧感を感じてしまうのです。これでは問題や原因の解決にはなりませんし、部下のモチベーションが下がってしまうことは明らかでしょう。

## 改善提案の「原因追求」で一緒に改善案を考える

上司には「なぜ？」という詰問調の「責任追及」ではなく、改善提案を行なう「原因追求」が求められます。

「○○君ならできると思って期待したのに……私は残念だよ。ちなみにどうすれば納期や期限を守って仕事ができるんだろうか？」

このように伝えていくと、部下のなかでは反発心は生まれません。

「まずい……せっかく期待してくれてた上司を裏切ってしまっている。これは自分も直さないといけないいな」

部下はこのように自己責任の念を感じ、行動の改善についても考えはじめるようになっていきます。

ここでは、**原因を追求する前提として「あなたを認めている」という承認を伝えている**ことも大切です。今は多くの会社で、部下が年上だったり、以前は自分の上司だったりした人間であることも珍しくありません。こうしたときにも、怒りではなく、相手を承認して認めていることを前提にすることで、相手との関係も崩さずに、行動の改善を促すことが可能になります。

# いつも納期に間に合わない部下には？

NG

「月曜日までに終わらせると言っていたのに、なぜやっていないんだ！」

部下に対して「なぜ？」と質問し、考えさせようとしても成長を促すことはできません。部下育成においての「なぜ？」は原因追求ではなく、責任の追及となり、部下の成長にはつながりません。

OK

「○○君ならできると思っていたのだが、今後はどうすればいいだろう？」

部下に対して「残念」といった上司の感情を伝えることで、部下は自己責任の念を感じはじめます。部下の内省を促し、行動を改善するきっかけにつながります。

16

# いつもギリギリになる部下には半分単位で進捗を確認する

提出物を期限内に、しかもこちらが求めるレベルで出してもらうことは上司として重要な仕事です。しかし、多くの部下が期限ギリギリに提出してきます。書類にミスがあったり、こちらが望んだレベルのものでなかったりする場合、時間がなくなり対応ができないといったケースをよく聞きます。

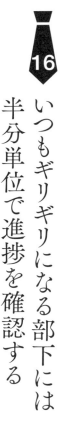

## 人は頭でわかっていても「先のばし」をしてしまう

最近、特に依頼が多い講演のテーマに、「先のばしをしない仕事のすすめ方」というものがあります。講演の参加者に「これまで仕事で先のばしをした経験がある人はどれくらいいますか？」と尋ねると、ほぼ全員が手をあげます。

「では先のばしをなくして、前倒しでどんどん仕事をしていきたい人は？」と尋ねると、こちらもほぼ全員が手をあげます。**ほとんどの人は「先のばし」をなくしたいし、それは「よくないこと」という認識をどこかで抱いている**ということです。もちろん、それは部下も同じことでしょう。

なぜ多くの人はそれを実現できないのでしょうか？

## 今すぐには面倒なことをやらない思考

人間は、「先のばし」をすることに、自分にとってメリットがあると感じてしまいます。では、上司から依頼された仕事を先のばしするメリットはどのようなものでしょうか？

まず、「面倒なことをやらなくて済む」ということです。

上司から、やりたい仕事や得意な仕事ばかりが与えられるのであれば、仕事は楽しくなりますし、どんどん前倒しで取り組みたくなるのは当然です。しかし、現実はそうではありません。どこの企業でも仕事量は変わらないのに人が減り、部下一人あたりの仕事の分担は増大しています。そのなかで、これ以上は負担を増やさないでほしいというのが部下の本音でしょう。こうなると、多くの人は長期よりも短期的な欲求に流されてしまうため、「今すぐに面倒なことをやらない」ことにメリットを感じてしまうのです。

## 完璧になるまで提出したくなくなる

次に、「完璧な成果物ができる」ような気がするということがあります。

人は、「仕事に時間を費やすこと＝完璧なものができる」という認識を持っているため、「時間をかければもっと高いレベルの成果物ができるはずだ」と常に感じています。部下としては上司への評価を高めたいこともあるので、完璧を求めて期限ギリギリまで作業を行なうのです。

ところが、ギリギリまで時間をかけたにもかかわらず、上司が求めていたレベルまで到達しておらず、「毎回もっとはやく出さないから、修正する時間がないじゃないか！」と怒られたり、評価が下がったりするということがあります。これがくり返されると、部下の心のなかでは「上司からまた怒られるかも……」「評価が下がるかも……」といった恐れが生まれます。こうなると、上司にアプローチしにくくなり、さらに期限がギリギリになるという悪循環が生まれてしまいます。

## 「先のばし」になる前に「中間報告」をさせる

ギリギリにしか提出してこない部下の行動を改善させるために、できる上司は「中間報告をさせる」ということをやっています。

「途中でも大丈夫だから半分できたら報告してくれ」と言うことで、**途中経過やその時点での成果物を確認することが可能になり、上司と部下の双方に大きなメリットが生まれます。**これにより、部下の「面倒なことをやらない」という行動を避けることができ、部下の仕事が前倒しになってきます。

次に、成果物を途中で確認することで、上司が求めているレベル、部下が求められていると考えるレベル双方の確認が可能になり、互いに安心することができるのです。

こうなると、部下は仕事をすすめやすくなり、最終的に完璧なレベルの成果物が完成しやすくなっていきます。

## 中間報告で得られるメリットを理解させる

ただし、部下に中間報告を依頼する場合、その理由を明確にしておく必要があります。

「えっ？　途中で報告しろって、俺のことを信じてないのか……」

このようにネガティブに感じる人がいるからです。中間報告によって得られるメリットや安心感をあらかじめ伝えておき、納得してもらうことが大切になります。

「途中で進捗を確認できるとさらにいい内容になると思うんだ。忙しいところすまないが、頼むよ」

すると、部下の心のなかでは、この仕事を「先のばし」するよりも「前倒し」で行なうほうがメリットがあるという認識が生まれるとともに、間違いのない成果物を効率よく作ることにも役立つとわかり、ポジティブに受け取るようになっていくのです。

## ギリギリにならないと提出してこない部下には？

**NG**

**「毎回もっとはやくできないのか？」**

部下が先のばしをする理由は、「今すぐ面倒なことをしないで済む」「時間をかければいいものができる」という考えがあるからです。しかし、結果的にはデメリットが大きくなります。

**OK**

**「途中でも大丈夫だから半分できたら報告してくれ」**

はやく着手させるために、中間での進捗報告を求めます。また、成果物の現状レベルを確認することで、最終的に互いが望むレベルの成果物が完成しやすくなります。

## 17 ギリギリに出社して仕事のスタートが遅い部下には浪費時間を意識させる

時間内に部下に効率的に仕事をすすめてもらうことは、上司として大切な仕事です。ですから、ギリギリに出社し、始業時間をすぎてもまだのんびりと仕事の準備をし、本来の業務の開始が明らかに周囲よりも遅い部下には、やり方を改めさせる必要があります。

### 感情論で火に油を注がない

いつも時間ギリギリにならないとやらない人が、生産性も高く、常に成果をあげているケースを私は見たことがありません。売上目標に困っている営業マンにかぎって、決まって次のようなことを言います。

「いやぁ、参りましたよ。道が混んでて待ち合わせに遅れてしまいました」

「間に合う時間には家を出てたんですが……電車が事故で止まって間に合わなくて……」

始動が遅いので交通事情などに対応できず、こうしてお客様や社内の人間を待たせてしまうことを続けているのです。アクシデントの可能性を考えて、はやく準備をするのは仕事のうちです。

出社時間についても、**始業から100％働けるように自分で準備することは仕事のひとつです。**特に経験の少ない人ならなおさらでしょう。ギリギリに出社して、始業時間から本格的に業務をスタートすることはまず難しいでしょう。

しかし、ここで上司がイライラして、「若くて経験が少ないんだからもっとはやく出社しろ！」と感情的に言ったとすると、「それはパワハラだ！」と騒ぎ立てる部下もいるかもしれません。さらには、「はやく出社した分は残業と同じ扱いですか？」などと言う部下もいるかもしれません。

## 準備に必要な時間を数字で共有する

部下が始業時間に業務を本格的にスタートできないことは、その分の給料を支払っている会社にとってもダメージになるため、うまく対応する必要があります。

100%で働ける状態にするための時間は、業務内容や人の能力レベルによっても差があるので、上司としては「業務で万全のスタートを切るにはどれくらいの時間が必要かな?」と確認をしていくことが必要です。

例えば朝9時が始業開始の場合、部下が「朝の準備は15分くらい必要だと思います」と言えば、「では8時45分までには出社する必要があるよね?」と**数字での共通認識を持たせることで、時間管理を徹底する**ことができるでしょう。

それでもできない部下がいるとしたら、再度認識のズレを合わせることからはじめましょう。多くの会社では「社員の始業時間とは、仕事の準備が整い、業務を本格的に開始する時刻」と定義されています。しかし、始業時間ギリギリに出社する社員は、「始業時間までに出社していれば問題ない」という認識を持っている人がほとんどです。

会社の規則を確認しながら、このズレを修正していくことも上司としての重要な役割でしょう。

# 始業時間ギリギリに出社してくる部下には？

NG

「もっとはやく出社しろ！」

仕事ができない部下にかぎって時間にルーズなことがよくあります。そのことを攻めると理屈を言い出し、なかにはパワハラとまで言われてしまうこともあります。

OK

「100%働ける状態にするにはどれくらいの時間が必要かな？」

始業時間とは「業務を本格的に開始する時刻」です。部下が必要な準備時間を数字で互いに共有し、その時間を部下に意識させるようにしましょう。

# 18 不必要な残業に精を出す部下には会社の評価基準を認識させる

「ワークライフバランス」が一般化してきました。仕事やプライベートをバランスよく管理し、効率の高い成果をあげることは会社、社員の双方にとって理想的な形です。ところが、さまざまな取り組みを行なっているにもかかわらず、生産性はさほど変わらないのに、他の社員よりも残業時間が極端に多い部下がいます。

## できる部下に業務が集中している

最近では多くの会社が「ノー残業デー」を取り入れており、毎週水曜日は社員全員が定時で退社するといったことを聞くようになりました。部下の残業時間を減らし、時間効率を高めることは、上司にとっても大きな役割となってきています。

しかし部下のなかには、次のような気持ちを抱いているケースも多いようです。

「ノー残業デーはわかるけど、これだけ人が少ない状態だと結局、他で負担が増えるだけだ……。おかげで家に仕事を持ち帰ることが多くなったよ」

このように、できる部下に業務が集中し、その人にしかできないからという理由で特定の残業が増えるケースもあるようです。上司としては周囲にバランスよく仕事を与えられるように、能力が足りていない部下の教育や指導を行ない、仕事の配分やバランスに配慮する必要があります。

## 仕事が遅い部下に「効率を考えろ」と言わない

気をつけたいのは、「他と能力や生産性はあまり変わらないのに、残業時間だけやたらと多い部下」への対処法です。もし部下のなかに、「残業代を増やしたい」と感じる素振りがあれば、上司としては厳しく注意する必要があります。

しかし、そうした目的はなく、真面目に取り組んでいるのに周囲のメンバーよりも「業務に時間がかかりすぎている」という部下がいます。このタイプの部下の特徴は、完璧主義的な考えを持っていることです。

例えば「もっと効率を考えて仕事しろ！」と注意をしたとします。すると、「こんなに完璧にやってるのに、なんで文句を言われるわけ？」と、勝手にモチベーションを下げてしまいます。この状態になることは、上司にとっても本意ではありません。

完璧主義の部下は、「重要な部分」と「手を抜いても問題のない部分」の区別が苦手であり、すべてを完璧に仕上げようとするため、仕事をうまい段階で切り上げることができない傾向が強くあります。持ち前の完璧主義精神から、「よし、もっとよくなるはずだ！」と思い込んでしまい、キリがいいところで仕事をやめることができない習性があるのです。

また、当人は仕事をとことんやり抜いているという自覚があるため、「効率を考えろ」などといった注意は心外に感じられてしまいます。

## 手伝うことで期限を意識させる

こういう部下に対して、ただ単に仕事の期限を設定したとしても、「これは1人では無理でしょう……」と思われるだけです。こうした**完璧主義の部下がうまく割り切るようなるためには、「上司が手伝う意思」と「期限設定」を明確にしていくといいでしょう。**

ここでは、「どこをサポートすれば、今の○○君の業務が△日までに終わるかな？」といった声がけが重要です。

上司から「私が協力するから終わらそう」と言われると、「これは期限内に終えないとまずいな……」と部下は感じるようになります。

「大丈夫です。1人でできますので……」

「ではその期限内に今の業務はできるという認識でいいかな？」

このように確認していきましょう。

特に完璧主義の意識が強い部下になると、「評価も完璧でありたい」という意識を持っている傾向があります。上司を裏切ることを避けるために、部下の心のなかでは、「この業務を1人で期限に間に合わすにはどうすればいいだろうか？」というように、「生産効率を高める」ことを考えはじめるようになっていきます。

## 部下自身が判断できるように仕事のやり方を見せる

これとは逆に、部下のほうから、「ではこの部分の仕事をお願いしたいです」と言ってきたときは、たとえ忙しくても、まずは快く引き受けましょう。部下から頼まれた仕事を仕上げたときは、「重要な部分」と「手を抜いても問題のない部分」について仕上げの段階でわかるようにし、上司であるあなたがそう判断する理由を話し合うことが大切です。

こうすると部下は、「そうなんだ。こういう部分は手を抜いても大丈夫なんだ！」と、自分で判断できるようになっていきます。このような方法で、部下の業務に関する生産効率を高めていけば、今までより残業時間を減らしつつ、業務の効率を上げることが可能になるでしょう。

## 不必要な残業をしている部下には?

NG

「もっと効率を考えて仕事しろ!」

完璧主義の部下は、「とことん仕事をやり抜く」という考えがあります。そこを否定してしまえば、部下は上司に対して反抗心を持ち、モチベーションを下げてしまうでしょう。

OK

「どこをサポートすれば○日までに終わるかな?」

完璧にこだわる部下は「評価」も完璧を求めます。「あなたを手伝ってでも期限を守りたい」と伝えることで、上司の期待を裏切らないよう時間内に仕事をすすめるようになるでしょう。

19

# スケジュール管理ができない部下には優先順位を一緒に考える

会社ではひとつの仕事だけを、「ゆっくり」「マイペースで」できるというケースはほとんどありません。複数の案件が同時進行し、うまく時間管理ができないと、その他の仕事はまったく手につかない状態に陥ってしまいます。

## 表面的には時間管理ができているのに……

時間管理についての本を読んだり、セミナーを受けたりすると、次のようなやり方が主流です。

**・翌日のスケジュール項目を書き出し、その項目の緊急度や重要度に応じてどの仕事を優先して行なうかを事前に計画してから、次の日の仕事に臨む**

これをはじめて聞いたとき、私は「なるほど、これは素晴らしいやり方だ！」と感動し、すぐに自分のチームに導入しました。すると、チームの時間管理や仕事効率の質が確実に高まっていき、大きな手応えを感じました。

ところが、ある一人の部下だけはまったく変化が見られませんでした。いつも仕事が遅く、何かを頼んでも期限に遅れてしまうことが頻繁にあったのです。これは、しっかりと時間管理の手法を実践できていないのかなと思いました。

「おい！　ちゃんと時間管理できてるのか？　見せてくれ」と言うと、その方法でスケジューリング自体はきちんと行なっているではありませんか。

「ちゃんと書いてるならできるはずだろう？　もっとしっかり時間管理しろ！」とくり返し言い続けました。ところが、この部下の仕事効率の質は、一向に高まることはありませんでした。

## ■毎日５分、情報共有の時間を作る

こうした部下の問題点としては、「優先順位をうまくつけることができていない」

ということがあげられます。

大切なことは、「事前に項目の優先順位をつけるときに、何でどう判断するか？」「突発的に割り込んできた仕事の順序をどう判断するか？」です。

一般的に優先順位は「緊急かどうか？」「重要かどうか？」の2つの軸で判断されます。例えば、「今日中と今月中」ではその緊急度はまったく変わりますし、「100万円の案件と1億円の案件」では、その重要度が違ってくるでしょう。

ここでのポイントは、時間管理において生産性を高め、仕事効率をあげるためには「緊急ではないが重要度の高い仕事」を優先することが大切だということです。

成果の高い、仕事効率のいいビジネスマンは「緊急ではないが重要度の高い仕事」を優先すべきということを、これまでの成功体験から身につけているケースが多くあります。

例えば営業であれば、今すぐ成果があがらなくても（緊急度が低くても）、顧客との信頼関係の構築を行なっておくことは、高い成果をあげていくために重要なことであり、それがなければ目標を達成することは不可能だということです。

ですから、それができない部下に対しては、優先順位をうまくつけることを指導する必要があり、与える仕事も緊急度や重要度をしっかりと情報共有し、相互理解を深めることが重要になります。

**上司としては、「明日の優先順位を一緒に確認しよう」と、毎日5分だけでいいので部下のために時間を作り、一緒に確認することが大切です。**これをくり返すことで、部下の優先順位のつけ方の質を高めていくことができるようになっていきます。

## 優先順位はくり返し伝える

しかし、双方で共有して部下も納得しているにもかかわらず、重要度の高い仕事を先のばしにし、思うような結果が出ないといった部下がいます。

このとき、上司として認識しておきたいのが、「上司が部下に優先してやってほしい仕事と、部下が実際にやりたい仕事には大きな認識の差がある」ということです。これは部下が悪いということではなく、人間は本能的にラクなことにやりたいという心理が働くため、仕方のないことでもあります。部下にとってラクなこととは「緊急度が高く、重要度が低い」仕事です。

例えば、次のようなやり取りがあります。

「おい！　昨日一緒に優先順位を合わせて、30件のお客様へアポイントの電話をかけることを約束したのに、なぜできていないんだ！」

「いや、もちろん頭ではわかってるんですが、お客様からの急な電話で、先日の書類をなくしたので、再度送ってほしいと言われてそれに時間がかかったんです……」

このように、「すぐに終わる緊急性の高い仕事をやる＝ラクな方向」に逃げてしまうのです。

営業の仕事として重要なアポイントを取ることは優先順位が高いのですが、その際にお客様からの断りで否定を受けたり、心理的に面倒だと感じてしまうと、できればやりたくないことになってしまいます。

こうした部下が陥りやすい間違いを上司としてしっかり認識し、部下にはくり返して優先度を伝えていくことが大切です。

# スケジュール管理ができない部下には?

## NG

「もっとしっかり時間管理をしろ!」

表面的に時間管理ができていても、実際の業務では本能的にラクな仕事をやりたがります。「重要度」ではなく、部下は「緊急性」で仕事の優先順位を決めてしまうのです。

## OK

「明日の仕事の優先順位を一緒に確認しよう」

優先順位をつけられない部下には、何を基準に優先順位をつけるのかという確認を、毎日5分だけでも行ないましょう。これをくり返すことで、優先順位のつけ方を理解させることができます。

Column 3

# 部下は上司を映し出す「鏡」

「部下にもリーダーシップを持って自ら考えて動いてほしい」というのが上司にとっての大きな望みでしょう。リーダーシップ研究の調査機関である米国ロミンガー社のデータによれば、上司がリーダーシップをうまく発揮できるようになった要因のうち、70％は「仕事上の経験」で、20％が「上司の薫陶」という調査結果が出ています。「上司の薫陶」というのは、「部下に対しての深い気づきをもたらす言葉や態度」を表します。

部下が自らリーダーシップを持って行動できるようなるには、上司からの言葉や態度によって「なるほど、そうなんだ！」という深い気づきを得て、「ぜひやってみよう！」と感じ、実際に経験することで可能となります。言い換えれば、部下の成長の90％は上司の影響力がかかわっているともいえるでしょう。

よく「うちの部下は全然ダメだ」「なんでもっと自分で考えないんだ」といった上司の愚痴を聞くことがあります。しかし、それは「部下の教育ができていない」「部下に影響を与えていない」と言っているようにしか聞こえません。

部下の成長を促すために、上司として部下に深い気づきを起こす薫陶を与えるには、上司がブレることなく、自分なりの信念を貫くことが大切です。そのためには、日々上司としてのスキルを学び、磨いていくことが求められます。そんな上司を見て、部下は切磋琢磨して成長していきます。つまり、部下は上司であるあなたを映し出す「鏡」でもあるのです。常に部下に影響力を発揮し続けるのも、上司としての大切な役割といえるでしょう。

# 第4章

# 「不平不満が多い」部下には？

20

# 評論家・批評家の部下には肯定的な提案をさせる

「こうすれば必ず売れる」「こういうものを作ればお客は反応する」といった「正解」がない今の時代、新しい案件や今までに経験したことのない仕事は、現場の肌感覚を持っている部下の意見を取り入れることが求められます。ところがいざ意見を求めると、いつも批評や評論ばかりで協力もせず、行動しない部下がいます。

## 部下が感じている「他人ごと」と「自信のなさ」

「○○君、ちょっといいかな？　ライバルメーカーに対抗するために、開発部が△△といった機能をつけたテスト商品を製作したんだ。そこで、君のお客様のなかで興味を持ってくれそうな会社に提案して、反応を教えてほしいんだ」

「△△の機能ですか。でも、私のお客様にはそれはニーズがあるかどうかは微妙ですね」

「いや、だから、それを知りたいから言ってるんだよ」

「私のお客様の業種では△△の機能はいらないと思いますが……」

「お客様に聞いてもいないうちから、お前に何がわかるんだ！」

この会話では、上司が「提案」しているにもかかわらず、求めた答えが返ってきていません。「でも……」「しかし……」といった否定的な意見で返してくるため、上司はイライラしてしまいます。

こうした発言や態度をしてくる理由は「他人ごと」、もうひとつが「自信がない」ということです。

「他人ごと」は、「自分には関係ない」という思考です。

例えば先の例の場合、上司は「お客様の反応を調査して、もっと多くの人によろこんでもらえる商品を作ろう！」と考えています。それを踏まえて、部下に求めたことは「実行」「提案」になります。上司がほしい返答は、「わかりました。では興味のありそうなお客様をピックアップして、すぐにアポイントを取ってみます！」という「実行」だったり、「いいですね！　△△の機能だったら、もっとお客様にわかりやすいように、こんなふうにチラシを作ったり、表現に変えてみたりするのもどうでしょう？」といった「提案」になります。

「会社としてもっといい商品を出すように自分も協力をしよう！」

「もっと反応が上がるように自分も考えてみよう」

こうした「自分ごと」としての反応が、部下の返答や態度で返ってくれば、仕事もスムーズにすすむはずです。

しかし、実際はそうではなく「まあ会社や上司が言うんだったら仕方ないですね……」という「他人ごと」として考える部下が多くいます。部下が上司から言われたことに対して意欲的に取り組むことがないため、上司としても頭を悩ます事態になってしまいます。

次に、「自信がない」ということです。自信がある部下は「とにかく行動しよう」と常に思い、その行動によって結果を出していきます。一方、自信がない部下は、実行したことで失敗したり、上司や周囲の評価が下がったりするのではないかと感じてしまい、「実行しない理由」「実行できない理由」ばかりを考えはじめます。そうなると、評論家的な返答や態度で、「それは実行してもうまくいきませんよ」といった反応を示してくるようになるのです。

## 「自分ごと」で考えさせる質問を

そこで有効なのは、「では、○○君だったらどうする？」と質問してみることです。これにより、「実行」や「提案」が部下の口から出てくるように促すことが可能になります。

例えば先の例の場合、次のようなやり取りになります。

「△△という機能ですか。でも、私のお客様にはそれはニーズがあるかどうかは微妙ですね……」

「なるほど。反応がないならないで開発部にはその通りに報告するから、君の担当するすべてのお客様に確認してほしいんだ。今の君のお客様にはどういう機能があればもっとお客様はよろこんでくれだろうか？　○○君だったらどうする？」

このような聞き方で、実行や提案を促していくのです。

もちろん、質問を促したからといって、すぐにこちらが求めている返答をしてこないかもしれません。さらには、部下は自分の意見を持っていないため、黙り込んでしまうかもしれません。

こうした場合でも、辛抱強く、常に部下の視点を変えさせる「実行」や「提案」を促す質問をくり返しましょう。くり返していくことで、部下自身に考えてもらう意識づけができるようになっていきます。

## 「自分ごと」で取り組んでもらうためには?

NG

「そんなことばかり言ってないで行動しろ!」

提案に対して否定的に返してくる部下は、仕事を「自分ごと」で考えていないか、「自信がない」ということがよくあります。その状態で「行動しろ」と言っても、できない理由を並べ立てるでしょう。

OK

「では、○○君だったらどうする?」

評論家の部下は自分の意見を持っていないことがよくあります。上司として辛抱強く、常に部下の「視点」を変えさせる質問をくり返すと、部下は「自分ごと」として考えるようになっていきます。

# 21 何を考えているのかわからない部下には協力できる部分があると伝える

多くの上司が「部下の考えていることがわからない」と嘆いている場面をよく見かけます。しかし、家族でもない部下とは価値観や考え方、やり方の好き嫌いなどで必ず認識の違いが起こってきます。そうしたときに、部下の多様な価値観を受け入れることは大切です。

## 本音を言おうとしない部下たち

「言いたいことがあるなら言ってほしいんだ！」

こう上司がストレートに言っても、部下が本音を話しはじめることはまずないでしょう。

「本音を言っても何も変わらないでしょ」

「本当のことを言ってギクシャクするのもイヤだし」

これが部下の本音です。

部下としては、経験や知識が少なく、会社での立場が下の自分たちが何かを言っても、それを好意的に受け入れてくれることはないだろうと感じています。

また、本音を言うと、上司や会社を批判していると思われるのではないかと感じます。人間関係がギクシャクし、自分の評価が下がってしまうという大きな恐れがあるのです。こうした認識がある以上、上司に対して本音を言うことはまずないでしょう。

## 部下が言ったことは受け入れる

部下が上司に本音を言うには「ひとつの前提」が必要になります。それは部下側からすると「言ったことを上司は受け入れてくれる」ということです。

部下が感じる「本音を言っても何も変わらないから」「本音を言ったことで上司との信頼関係が崩れる恐れがあるから」というのに、上司側が「受け入れないだろう」という考えが前提となっているのです。

そこで、うまい上司がやっているのは、**「あなたの本音をまずは受け入れますよ」**

**というニュアンスのメッセージや態度を示す**ことです。

「私が○○君にサポートできることは何かな？」

こうしたメッセージを伝えることで部下は受け入れてもらえると感じ、「本音を言うことのメリット」を感じはじめていきます。

## 部下の本音を「べき論」で封印しない

上司のみなさんにこう言うと、「いや、俺は以前にコーチング研修で傾聴スキルを学んで、それからはいつも一生懸命に部下の話に耳を傾けているよ」と反論してくる人もいます。しかし、部下の本音がわからないのであれば、それは表面的な傾聴であり、部下の言った言葉をただ単純に表面的に拾って、コーチングスキルで質問しているだけでしょう。

この手の上司は、最後には部下の本音を引き出すどころか、話を途中で遮って次のような伝え方をしてしまいます。

「じゃあ○○君、来月は何をすべきだと思う？」

こうした攻撃的な「べき論」の質問を行ない、部下の本音を封印してしまうという例が多くあります。これでは、どんなに話を聞いてもらっても、部下が納得することはまずないでしょう。

## とにかく話を聴くだけでもだいぶ違う

部下から本音を引き出すことができたとしても、その内容が会社の理念や方針、人間関係といったものだとしたら、上司の判断だけではどうしようもできないことも多々あるでしょう。しかし、上司一人だけの判断では、すぐに解決できないことは部下も頭のどこかでは重々わかっているはずです。でも、部下にとってみたら「上司が話をしっかり聴いてくれた」、これだけで十分なのです。

先日も、ある研修で部下の人がこう言っていました。

―いきなりの配属に納得できず、モチベーションがとても下がっていたんです。でも、配属先の上司は定期面談で、嫌な顔ひとつせずに最後まで私の言いたいことを聴いてくれたんです。配属が変わることはありませんでしたが、話を聴いて受け入れてもらえて、この部署でがんばろうと気持ちを切り替えることができたんです」

この上司は、あえて自分の意見を言っていません。部下が動揺、混乱しているときには、いつも以上に傾聴の姿勢を徹底することが大事なのです。

## 部下の考えていることがわからないときには?

NG

「言いたいことがあるなら言ってほしいんだ!」

部下にとって、本音を言うことはさまざまなデメリットを含んでいます。それがなくならないかぎり、部下に本音を言ってほしいと伝えても、素直に上司に本音を言い出すことはないでしょう。

OK

「私が○○君にサポートできることは何かな?」

大切なのは部下の言いたいことを途中で遮ることなく、しっかりと傾聴することです。「受け入れている」という上司の姿勢を見ることで部下は安心するのです。

22

# すぐに感情的になる部下には正論で火に油を注がない

理不尽なことを言ってくるお客様には、なるべくかかわらないようにしたいというのが本音です。しかし仕事ではそうはいきません。なかにはお客様からいろいろ言われて感情的になってしまい、チームの雰囲気を壊してしまう部下がいます。

## 感情的な部下はチームの雰囲気を悪くする

クレーマーという言葉も一般化し、こちらを困らせてくるようなお客様が存在します。その内容もどんどんエスカレートしているようです。以前とは違って、クレームの内容が「その言葉遣いや態度は何なんだ！　客をナメてるのか！」などと、モノではなくヒトに向かうようになり、対応が難しくなっています。

クレーマーに対応している若い部下のなかには、「あぁ、こっちがキレそうだよ！　何なんだあの客は！　どう考えても理不尽だろ！」と感情的になってしまうケースがあり、その気持ちもわからないわけではありません。

しかし、こうした部下を上司として放っておくわけにはいきません。**不機嫌な部下がいると部署の空気が悪くなります**。さらには、こうした部下は、半ば八つ当たり的にチームのメンバーに不満をぶつけていくことがあるからです。メンバーも、「そこまで言わなくてもいいだろう！」となり、収拾がつかなくなることもあります。こうなるとチームとしての関係性は崩れるという悪循環に陥ってしまうことでしょう。

## 言葉で抑えつけない

感情的になっている部下を、「言葉で抑えつけようとする」のは無理なことです。感情的になっている人は、「答えが見えずイライラしてヒートアップしている」からです。その状態でこちらが冷静に正論で対応したとしたら、どうでしょう。

「おい、そんなことで感情的になってるんじゃないぞ！」

「そんな正論はわかってるよ！　それが納得いかないからこうなってるんだよ！」

こう感じた部下は、ますます手がつけられない状態になっていきます。

挙げ句の果てには、上司に対しても、「あなたがもっと○○してくれてたら、こんな嫌な気持ちをせずに済んだのに！」というように考えを展開していき、こちらまでイヤな気持ちになってしまうこともあります。

## 「心配していること」を伝え、安心感を与える

感情的な部下には、まずは冷静になるように働きかけることが大切です。

**「○○君でもそんなに怒るなんて、何か理不尽なことでもあったの？」**

**このように、こちらが「心配していること」を伝えるとともに、その部下の感情を否定せずに「受け入れる」ことを約束します。**こう問いかけることで、まずは安心感を与えることができます。

安心感を持った部下は、上司に対していろいろと愚痴を言ってくるかもしれません。部下が十分に愚痴を言い、冷静になったところで、今度は部下自身に考えさせて解決に導くことが上司の役割です。

「そうか！　では今回の出来事を整理してみようか？」

こう伝えることで、部下に「どうすればいちばんよかったか？」ということを考えてもらうことが可能になっていきます。

感情的になっている段階で部下に考えさせようとしても、冷静に判断ができない状態ではいい解決策を見つけることは不可能です。まずはいきなり否定することなく、受け止める用意があることを伝えることが大切です。

## 冷静になったときに振り返らせる

すぐに感情的になる部下のなかには、冷静になって考えさせたときでも「解決策が出てこない」という場合があります。

実際、真剣であればあるほど感情的になってしまう部下もいます。その場合も解決策が出ないことを否定することなく、「感情的になっていた自分をどう感じた？」と質問することで、いかに感情的になっていたかを気づかせ、落ち着かせるように促すことも大切です。

こうした問いをくり返し行なうことで、冷静に判断することが大切だという気づきを感じ、部下を変えることができるようになっていくでしょう。

## 感情的な部下を抑えるには?

**NG**

「そんなことで感情的になってるんじゃないぞ！」

感情的になっている部下に正論で諭そうとしても、部下の感情はよりヒートアップし、火に油を注ぐことになってしまいます。

**OK**

「○○君でもそんなに怒るなんて、何か理不尽なことでもあったの？」

いきなり否定するのではなく、受け止める用意があることを伝えることで、部下は冷静さを取り戻し、出来事を整理できるようになるでしょう。

## 23 やる気がでない理由を上司のせいにしている部下には困っていると素直に伝える

モチベーションが上がらず、やる気が出ない原因を、外部要因のせいにする部下がいます。特に上司のせいにしている部下をそのまま放っておくわけにはいかないでしょう。

### 自分で変わろうとしていない部下

自分のことはすべて棚上げにして、「私がこうなっているのはすべて上司（周囲）や環境のせいなんだ！」と言っている部下がいる一方、たとえこうした状況があったとしても前向きに捉え、モチベーションを高く持って行動している部下もたくさんいます。

しかし、ネガティブな文句ばかりを言い続け、周囲にも悪影響を与えている部下は、

上司にとってはとても厄介な存在となってしまいます

例えば心理学の本に必ず書かれているのが、「自分と未来は自由自在に変えられるが、他人と過去は自由自在には変えられない」というものです。つまり、**自分が変わらなければいけないのです。**

しかし、そういったことに納得していない部下に「外部要因のせいばかりにするな、まずは自分が変わるのが先だろ！」などと言えば、さらに状況は悪化してしまうことでしょう。

外部要因を100％自由自在にできるかといえば、難しいと言わざるを得ません。しかし、「外部要因は100％自由自在にはコントロールできないが、コントロールが可能になるケースは多々ある」ということがあります。そこには「自分が変わることで外部要因でもコントロール可能になる」という前提があります。

自分のことは棚上げにして外部要因のせいにしている部下が「自分を変えることなくして外部要因は変わらない」ということに気づいていることは少ないでしょう。

## 上司として困っている態度を見せてみる

そこで、まずは気づかせることが大切です。そのためにも「上司の俺も悩んでいるんだ。どうしたらいいかな？」と、率直に尋ねてみるのがいいでしょう。

ふだんは強気な上司が弱い一面を素直に見せることで、部下は「オレはこんなにも上司を悩ませていたのか……」と思うようになり、**上司を批判することをやめ、一転して協力しようとするようになることが多くあります。**そうなると、「オレが変われば悩んでいる上司も少しはラクになるのかな……」と感じ、自分が変わろうと行動するようになります。

また、こうした部下は否定することに関しては超一流ですが、しっかりとした自分の意見を持っていないことがほとんどです。

まずは部下の話を傾聴して、上司として深掘りしていきましょう。本人に「自由自在に外部要因を変えることはできない」という気づきを促すことができるでしょうし、そのためには、自分が変わる必要があることを話し合うことも可能になるでしょう。

## 外部要因のせいばかりにしている部下には？

### NG

「まずは自分が変わるのが先だろ！」

自分のことをすべて棚上げにして、外部要因のせいにしている部下に対して、説得しようとすればするほど上司に対しての不平不満や愚痴は増えていく一方です。

### OK

「上司の俺も悩んでいるんだ。どうしたらいいかな？」

「自分が変わらなければ何も変わらない」ことに気づかせます。時には上司として困っている態度を率直に伝えることで、部下の意識が変わり、協力の姿勢を示すようになることがあります。

# 24 配属でモチベーションダウンしている部下には「会社都合」で片づけない

ビジネスマンにとって「転勤」や「部署異動」は避けては通れないものです。会社にとってみれば必ず何らかの理由や意図があってのことでしょう。ところが難しいのは、その理由や意図が、個人の意志と合致していないケースが多いことです。どうすれば部下が異動を納得し、やる気を出すようになるでしょうか？

## 異動を断ろうとする部下

先日、ある上場会社の営業課長と話をしていたときのことです。部下のことでどう対応すればいいのか、迷っているという話をはじめました。

「最近の若い部下には本当に困ってしまいますよ。先日も地方の営業所で、ある社員が突然辞めることになって欠員が出ました。すぐに穴埋めしないといけなくて、私の部署の部下にその地方の営業所への転勤命令が出たんです。するとその部下がいきなり、『なぜ自分なのか納得ができません』と言って上司である私に文句をぶつけ出して……」

こうした話を、最近は本当によく聞くようになりました。

私が以前いた職場では、同じ部署での在籍期間が長すぎると顧客との癒着、仕事のマンネリ化、停滞感といった問題が起こりやすかったため、一定期間での転勤や配属移動は当たり前でした。

しかし今の時代、「会社が言ってきたことだからぜひがんばってくれ！」と言っても、「納得ができない」「それは会社都合でしょ」と言って、**異動を断ろうとする部下が多くいます**。極端なケースでは、「だったら辞めます」と言われるようなケースも見聞きします。

そんなとき、上司が苦し紛れに「いいじゃないか！　あそこの営業所は近くに飲み屋も多いから毎日楽しいぞ！」「あそこなら自然も多くて空気もきれいだから毎日気持ちいいぞ！」などと、業務とはまったく関係のない抽象的なことを言ってしまうとどうなるでしょう。

たしかに、上司の世代であれば、「まあどんな場所でも住めば都というし、気持ちを切り替えてがんばろう！」となるのでしょうが、今の時代、そんなことを言おうものなら、ますます部下はやる気をなくすことになります。

## 部下の心情を知っておく

ここで理解すべき根本的な問題は「会社と部下のそれぞれの目的にズレが起こっている」ということです。

会社側からすれば、「地方の営業所で欠員が出たので、その穴埋めで転勤させたい」というのが実際でしょう。もちろん、組織なのでそうした判断は当然ともいえますし、社員の立場からすれば仕方のないことでもあるでしょう。

ただし気をつけないといけないのは、部下の心情的な部分です。会社からの指示命令に対して、部下の心のどこかには、「まあ会社命令だし、仕方ないよな」という気持ちは必ずどこかにあるはずです。

しかしその一方で、部下も感情を持った人間です。

「それって欠員がでたから誰でもよかったんじゃないの？　期待されていくわけじゃないでしょ？」

こう感じてしまい、モチベーションが下がってしまうことがあります。快く異動できず、異動先でも成果があがらないといった大きな原因になってしまいます。

## 新天地で期待されている役割を伝える

そこでこの場合、**上司として必要なのは部下に対して「役割期待」をきちんと伝えることです。**

「○○君にはこの役割があって、この部分をみんな期待してるんだ！」

こう言われると、人は「俺は重要な部分を任されて頼られてるんだな……」と感じはじめます。仕事やプライベートを問わず、「自分の役割」が明確になり、そこに周囲からの期待が存在すると、必ずモチベーションが高まります。

さらには、「期待感」を含めるとより効果的です。

例えば移動先の部署のメンバーに前もって電話やメールなどで「新しく配属される

メンバーに期待していることは?」とヒアリングをしていくのもいいでしょう。そこで出てきた期待の声を伝えることで、部下の心のなかには、「よし！　そんな期待をされているならぜひそれに応えるようにがんばろう！」といった意欲もわきやすくなるでしょう。

「役割期待」を、上司として常日頃から部下に伝えることがとても重要です。

## 異動に納得してやる気になってもらうためには?

NG

「会社のためにぜひがんばってくれ!」

異動は仕方がないということは、部下も心のどこかでは理解しています。しかし「会社の都合だから」という説明だけでは、モチベーションはダウンし、異動先でも期待した成果があがりません。

OK

「○○君には△△の役割があって、□□の部分をみんな期待してるんだ」

部下には「役割期待」を明確にすることが大切です。自分の役割が明確になり、そこに周囲の期待が存在すると、「自分は必要とされているんだ」と感じ、モチベーションは必ず高まっていきます。

Column 4

# 部下のパフォーマンスを最大に高める方法

上司として「最高のパフォーマンスをあげてほしい」と部下に期待するのは当然でしょう。マサチューセッツ工科大学のダニエル・キム教授は、チームのパフォーマンスを高めるための「成功の循環」というモデルを提唱しています。これは、部下との関係のなかで、「関係の質」「思考の質」「行動の質」「結果の質」の順番を意識すると、チームとしていい結果が出るというものです。

例えばチームで結果（の質）が悪くなると、「もっと顧客にアプローチしろ！」となり、上司からの指示命令や押しつけが増えます。するとどんどん部下の不平不満がたまり、上司との関係（の質）は悪化していきます。さらに、部下は受け身で依存状態になるため、自らの思考（の質）が止まってしまいます。こうなると、部下は積極的に行動（の質）しなくなり、さらに結果や関係性は悪くなるのです。

逆に部下との信頼関係（の質）が深まれば、部下は上司の言葉に気づきを得て、いい思考（の質）を持ちはじめます。そうなるとチャレンジや行動（の質）が増え、結果（の質）が出はじめ、上司としてチームをいい方向に導けるようになるのです。

部下が自ら考え、最高のパフォーマンスを発揮するためにも、上司は部下との信頼関係を常に意識することが大切なのです。すべての入り口は部下との「関係の質」を高めることにあるのです。

# 第5章

# 「向上心がない」部下には？

## 25 周囲よりも能力の低い部下に勉強しろと強制しない

ある業務を特定の部下ばかりが担当し、他の人にはやり方やすすめ方がわからない状態になってしまうことがあります。その部下が急に会社を休んだり、退職してしまったりすると、業務を引き継ぐことができる人もいないことから、周囲に大きな負担が発生することになってしまいます。そのため、上司は部下に率先的に勉強してもらうことで、業務の水平化を期待します。

### 知識が足りない部下には危機感を抱かせる

管理職の研修において、特にＩＴ系や企画系の企業の課題で必ずあがるのが「業務の属人化」です。企業としても、能力や知識レベルの高い特定の部下だけではなく、他の部下にも高いレベルの能力や知識を身につけてもらい、能力や知識に差が出ないようにすることがとても重要になります。

しかし、いくら上司が「もっと仕事のレベルをあげろ！」「もっと勉強して能力や知識を高める努力をしろ！」と言ったとしても、部下自らが学びを深めるために、今の業務時間内で勉強することは難しいでしょう。そのことで残業を増やしたり、休日出勤をしたりするようなことがあれば、それは本末転倒になってしまいます。

部下の能力や知識レベルを高めるには、業務という意識ではなく、自らのためにすんで勉強してもらう必要があります。そのためには、部下自身に「危機感を抱かせること」が重要です。

「もっと自分の能力や知識のレベルを高めないとまずいな」

こう**部下自身が危機感を持つことで、自ら学ぼうとする意識が高まり、自分の時間を使ってまで自己啓発を行なおうとする部下も増えていきます**。では、いったいどのようにすればいいのでしょうか。

## 部下が現実と向き合うような質問を

危機感を抱かせるために必要なことが、部下自身の「自己評価」を促すことです。

自己評価とは、「現実と向き合わせる」ことです。部下を現実と向き合わせることによって、「今の状態はまずい」という危機感を抱かせることができます。だからといって、ストレートに次のような伝え方をしたとしたらどうでしょうか。

「今の君の状態はまずいからもっと努力しろ！」
「こんなこともわからないの？　もっと勉強しないと……」

こう上司から言われた部下は、次のように感じることでしょう。

「俺だって毎日努力してるけど……」
「勉強して能力を高めたって給料は変わらないし」

人は他人からこうしろと押しつけられたり、低い評価を受けたりすると抵抗や反発心が生まれます。こうなると部下がすすんで自ら動いたり、学びを深めたりすることはありません。そこで、能力や知識レベルの低い部下には、次のように伝えると効果的です。

「今の仕事の能力や知識レベルを、自分ではどう思ってるのかな？」
「他の人ばかりに仕事の負担が偏っていることはどう感じるかな？」

この質問で、部下は現実に向き合い、危機感を抱くようになります。その結果、部下が自ら責任（コミット）を持って行動するように変わっていきます。

他人から言われる他者評価での押しつけや叱責は、その場さえ我慢すればいいので逃げることができます。しかし、**自己評価としてできていない自分の現実に向き合わされると、その事実から逃げることはできません。**そうなると、部下自身が変わろうとする意識が強くなります。

## 「言ったもん負け」の風土は上司の態度が決める

今、多くの企業の研修で聞く言葉が、「言ったもん負け」ということです。上司に対して部下が自ら仕事の提案をしたり、新しい企画を持っていったりすると、「じゃあ、ぜひ君がやってくれ！」と言われてしまい、自分の責任や負担が増えて困ってしまう現象のことをいいます。

こうなると、たとえ提案したいことがあっても、あえて言わないという風土ができてしまいます。これでは、上司がどんなに自己評価を促しても、今以上に能力をあげようとする部下は少なくなってしまい、企業としての成長は止まってしまいます。

この問題をクリアするためには、上司としての仕事への覚悟や態度が重要になります。

「その提案に関して、上司である私がリーダーをするから、サブリーダーとして君や○○君に手伝ってもらうというのはどうかな？」

「それは特定の人だけでなく、リーダーが私で、他は部署全員で分担してやっていくのはどうかな？」

このように、**最終的には上司である自分が責任を取ることを伝えていく**のです。部下に責任を取らせるのが上司の役割ではありません。部下が責任感と安心感を持って仕事をすすめられるようにすることが重要になります。そのためにも上司が責任を持つことを伝え、「言ったもん負け」ではなく「言ったもん勝ち」だという認識を部下には持ってもらう必要があります。

## 部下が自ら勉強するようになるには?

NG

「こんなこともわからないのか? もっと勉強しろ!」

部下自身が今の状態に危機感を感じて「もっと学びたい」「もっと成長したい」という願望を持たないかぎり、上司がどんなに押しつけても部下が自ら学びはじめることはないでしょう。

OK

「今の自分の能力のレベルを、どう思ってるのかな?」

現状に危機感を感じさせるためには、部下自身に「自己評価」を促すことが大切です。部下に現実と向き合わせるための機会を設けることで、部下は自ら学ぼうとするきっかけになるでしょう。

# 26 目標達成の意欲がない部下には精神論は言わない

部下が目標に向けてモチベーション高く取り組むことは上司としても大切なことですし、目標をクリアできた部下はさらにモチベーション高く次に向かうことができるでしょう。部下のモチベーションをあげて、最後まであきらめずに目標に向かって行動してもらうにはどうすればよいでしょうか?

## 同じ目標でもモチベーションが高い部下と低い部下がいる

どんなに大きく困難に思われる目標でも、モチベーションを高く維持し、必死にやり遂げることで、毎回達成する部下がいます。一方で、そんなに難しくない目標なのに、毎回未達成という部下もいます。

「そこまで困難な目標でもないのに、なぜ毎回未達成なんだ?」

こう感じる上司は多いかもしれません。

私がマネジャーをしていたときにも「この目標なら、まあ少しがんばれば達成できるだろう」と感じている部下にかぎって、「つらいなぁ」「しんどいなぁ」と言い、さらには期限前にもかかわらず「今月も無理かも……」となり、モチベーションが下がりはじめていきました。

「仕事なんだからもっと努力しろ！」

「とにかく多くのお客様と会ってこい！」

「もっとモチベーションをあげて今月の目標を達成するぞ！」

こう精神論を伝えても、途中であきらめてしまい、毎回未達成をくり返すような状態で、困り果ててしまいました。こうした部下が、営業スキルやテクニックが低いかというとそんなことは一切ないのです。では何が問題だったのでしょうか？

## 「目標」にはセットで「目的」を感じさせる

ここで大切なのは、目標と合わせて「目的」を確認することです。なぜなら目的は、

「目標や仕事を行なう理由（意味）」だからです。

人はどんなにラクで単純な仕事や物事でも、理由や意味のないものには「やらされ感」を感じてしまい、モチベーションがどんどん下がってしまいます。

例えば、あなたが忙しく仕事をしているときに、会議中だったはずの上司からこのように言われたとします。

「○○君、とにかく急いでこの資料を10部コピーして、第3会議室に届けてくれないか！」

「オレだって忙しいのに、なんで急いでコピーして、しかもわざわざ持ってかなくちゃいけないんだよ……」

部下はこのように感じてモチベーションは確実に下がり、上司に対して不平不満が出ることでしょう。しかし、こんなふうに言われたらどうでしょう。

「○○君、とにかく急いでこの資料を10部コピーして、第3会議室に届けてくれないか！　この資料をお客様が今すぐに見たいって言ってるんだ。俺は会議に戻らなくちゃいけないから何とか急いで頼む！」

「まあそういう理由があるなら仕方がないな。急いでコピーして持っていこう」

部下はこう思い、モチベーションが上がらないとしても、先ほどのような不平不満を感じることはなく、上司に対して協力する気持ちにもなるはずです。

**人は「何のため？」といった目的（理由）があれば、「それだったらがんばってみよう！」と気持ちを切り替えることができ、モチベーションを高めることが可能になるのです。**

目標達成の意欲が低い部下には、「この目標（仕事）には○○という目的がある。一緒にがんばって達成しよう！」というように、「何のため？」という目的（理由）を認識させることで、たとえ大変な数字でも意識を高く取り組むようになっていきます。

## 「貢献」という目的では、仕事への意欲が高まらない部下もいる

会社の仕事の目的は「お客様のため」「社会のため」「世の中のため」という他者への貢献が一般的です。しかし、これをどんなに説明しても納得感を持ってくれない部下もいます。

例えば、毎日事務作業ばかりで実際のユーザーを見たことがない部下や、社歴が少なく経験値が足りない段階では、お客さまや周囲から「○○君のおかげで助かったよ！」

と感謝されたことがありません。そのため、上司がどんなに熱く「俺たちの仕事はこんなにお客様のために役立ってるんだ！」と語っても、部下としては「ピン！」とこないことがよくあります。

このタイプの部下には「お客様や周囲」ではなく、「自身の成長」というベクトルで目的を伝えるとモチベーションは高まります。

「この仕事を一生懸命がんばれば、○○君のスキルは今の1・5倍は高まるぞ！」

「この目標をクリアすると、○○君は将来のキャリア実績がこんなに変わるぞ！」

このように、「**あなた自身にメリットがある**」**ということを伝えます**。部下は仕事に対する「目的」が鮮明になり、モチベーションを高めることが可能になります。

## モチベーション高く目標に向かってもらうには?

NG

「もっとモチベーションをあげて今月の目標を達成するぞ!」

目的(理由)のない目標や数字には、部下はやらされ感を感じます。やらされ感いっぱいの目標をクリアしても、達成感は得られず、部下が一生懸命に仕事をがんばる意味は持てないでしょう。

OK

「この目標(仕事)には○○という目的(理由)がある。一緒にがんばって達成しよう!」

会社から与えられた目標に「何のため?」という目的があれば、大変な数字であったとしても、部下は気持ちを切り替えることができ、最後までモチベーション高く取り組むことが可能になります。

27

# 自分のことしか考えていない部下には違った視座を与える

部下に自分の力で成果や結果を出してもらうことは重要です。しかしそれだけではなく、部下が周囲への気遣いを持ちながら、チームとして結果を出していくことも仕事ではとても大切なことです。

## 目標は達成しても協調性に欠ける部下

毎月、与えられた目標を確実にクリアし、その目標よりも高いレベルの仕事を達成している部下がいたらどうでしょう。上司としては本当に助かりますし、「〇〇君、毎月ありがとう。ますます期待しているからな！」と声をかけたくなります。今後もどんどんレベルアップが期待できるでしょう。

一方で、その部下が社内のメンバーに対しての気遣いがまったくなく、周囲にもほとんど協力しないとしたらどうでしょう。その部下自身は「オレは会社の目標を常に達成して結果を残してる。何も悪いことはしていない」と感じているのかもしれません。しかし、同じ職場で働くメンバーにとっては面白くありません。

「目標を達成してたら気遣いがなくても許されるのか？」

「周囲に協力しないような人とは一緒に仕事をしたくない！」

こうなると、チームとしてのモチベーションはどんどん低下していきます。トータルで考えていくと、上司であるあなたはもちろん、会社にとって大きな不利益につながります。

## 相手の気持ちになって考えさせる「視座を変える質問」

自分のことしか考えず、周囲への気遣いがない部下には、相手の目線や立場で物事を考えるように「視座」を変えさせることが必要です。視座を変えることで相手の気持ちを汲むことができたり、相手との関係をよくするやり方に気づいたりすることができるようになっていきます。

そのためには、**一方的な忠告ではなく、「視座」を変える質問や言葉がけをしてい**

**きましょう。**

「○○君、さっき君が後輩に言っていた言葉なんだけど、もし自分がそう言われたらどんな気持ちがするかな？」

「もし○○君が後輩の□□君の立場だったら、あの時どうされたらいちばんうれしかったかな？」

このように伝えることで、部下が相手との関係をよりよくする方法を考えはじめるきっかけになります。

「あのときはもっとこうしたほうがよかったのかも……」

「あの人はこんなふうに感じたり、考えていたかもしれないな」

上司として部下の「視座」を変える質問を行なうことで、部下のなかに「気づき」が起こり、周囲への気遣いやかかわり方、関係性も変わっていくようになるでしょう。

# 仕事はできても協調性がない部下には?

**NG**

**「もっと周囲の気持ちを考えろ！」**

一方的に「周囲の気持ちを考えろ」と言っても「どういうこと？」と疑問しかわかなくなってしまいます。それではチームとしてもうまくいかないでしょう。

**OK**

**「もし自分がそう言われたらどんな気持ちがするかな？」**

相手の立場で物事を考えてもらうには、視座を変える質問を行なうことが大切です。部下は相手の気持ちを汲むことができたり、相手との関係をよくするやり方に気づいたりできます。

# 28 飲み会やランチに来ない部下には行くメリットを感じさせる

「部下の考えていることがわからない」という気持ちは、どの上司も抱いているものです。いいことにしろ、不平不満にしろ、日ごろ部下が思っている本音を把握しておくことは大切です。そこで、部下の本音を聞き出そうと飲みに誘おうとするのですが、今の若者はなかなかついて来ません。

## 飲みに行きたい上司、行きたくない部下

部下の本音がわかればうまく接することができ、上司と部下、双方にメリットが出てきます。ところが、実際に上司が部下の本音を聞き出そうと飲みに誘うと、次のようなやり取りが展開されているようです。

「○○君、今日の夜、久々に二人で飲みに行こうか？」
「今日ですか？　申しわけありません。今日はその……ちょっと予定が……」
「じゃあ、いつだったら空いてるんだ？」
「いや……その……」

研修でも、上司からは「最近の若い連中は飲みに誘っても全然ついてこない！」といった話をよく聞きます。その原因として、上司と部下の心のなかには大きなズレが生じていることがわかります。

宝酒造が行なったインターネット調査で、興味深い結果が出ています。「部下が飲み会に応じる理由」を上司側にアンケートを取ったところ、半数以上が「（部下は）お酒を飲む雰囲気が好きだ（と思う）から」といったポジティブな回答でした。ところが、部下側の回答では6割以上が「**お酒を飲みに行くのも仕事だと思うから**」と、非常にネガティブなものだということがわかりました。

飲みに行った先で上司が昔の成功体験や自慢話ばかりをはじめたり、上司がさんざんしゃべった挙げ句、結局会計は割り勘となったりすれば、部下は「何のメリットもないし、二度と行きたくない！」となるのが正直なところでしょう。

## 飲みに行くメリットを明確にする

上司と二人で食事に行きたくない部下の心境は、そこに行くメリットを感じないからです。部下を快く飲みに誘いたいのであれば、「部下にとってもメリットがある」ことを前提に誘うことが必要です。飲みに行くことでどういう点で利点があるのかを、次のような内容で伝えてみましょう。

「○○君、おいしい○○の店があるんだ。ついでに次回の案件で君に教えてほしいことがあるんだけど、今晩食事はどうかな?」

「上司は俺に頼ってくれてるのか? うまそうな店みたいだし、まあいいかな……」

部下はこのように感じ、飲みに行くことに対しての抵抗感は一気になくなることでしょう。

ただし、そう誘っておきながら、いざ飲みに行くとまったく部下の話を聞かず、自分の話ばかりをしたとしたら問題外です。

「なんだかんだ言って結局こっちの話なんて最初から聞く気がないんだ……」

こう感じた部下は、以前よりも上司に対して警戒心が強まってしまうという悪循環に陥ってしまうため、注意が必要です。

## 上司としてのスタイルを見直してみる

部下とうまくいっていない上司に解決策をどうしているのか尋ねてみると、「とりあえず飲みに行って本音を語り合う」という返答が多数を占めます。でも本当にそうでしょうか？

「今日は酒の席だから無礼講だ！」と言われたものの、権力を持っている上司に対して、日ごろの不平不満や本音を気軽にホイホイ語る部下がいるでしょうか？

そもそも、**「職場でコミュニケーションがうまく取れていない関係ではお酒が入っても変わらない」**ということです。食事や飲み会が楽しいのは「職場でふだんから信頼関係が構築できている」ということが大前提です。ここを履き違えている上司があまりにも多いという事実があります。

もし、食事や飲み会に来ない部下がいたとしたら、飲みに誘う前に職場ではきちんと話をするのが上司の役割です。そのためには、日ごろから部下との信頼関係を意識して「**上司としてあなたの話は何でも聞きますよ」という姿勢を示しておく**ことが重要です。

飲みに誘ってもいつも部下に断られる場合、「自分は上司としてのあり方、魅力に欠けているかもしれない」という視点で自分を客観的に見てみる機会でもあるのです。

## 部下を飲みに連れていきたいときには?

**NG**

**「今日の夜、久々に二人で飲みに行こうか?」**

部下にとって、上司との飲み会やランチに行くことでメリットがあるとわかれば、自らすすんで行くでしょう。しかし、そこに行っても何のメリットもないと部下は感じています。

**OK**

**「おいしい○○の店があるんだ。ついでに教えてほしいことがあるんだけど」**

部下を快く飲み会やランチに誘いたいのであれば、部下にとって「それに行くことでメリットがある」という期待感を持たせることが大切です。

29

# 向上心のない部下に「仕事は楽しむものだ」と言わない

上司としていちばんの理想は、指示を出さなくても主体的に行動し、成果をあげてくれる部下が増えることでしょう。ところが、こちらから言ったことに対してまったくやる気がなく、言われたことをただ単に作業的に無難にこなすことが仕事だというスタンスの部下がいます。

## 仕事での「理想がない」のがいちばんの問題

業種に関係なく、多くの管理職が抱いている悩みが、「向上心のない部下をどうやって行動させるか？」ということです。先日もある上司から研修中にこんな質問がありました。

「ウチの部署で、こちらが何かを言わないと何もしない部下がいて、今すごく悩んでるんです。『仕事が楽しくなるくらい突き詰めてやってみろ』って言ってるんですが、『はい』と返事するだけで……。さらには『今の給料で無難に仕事できればOK』などと同僚に言ってるとかで……。こちらも忙しいのに手がかかってしょうがないんです」

この部下の場合、「**現状満足**」「**現状維持**」という状態になってしまっています。

なぜ「現状満足」や「現状維持」が起こるのでしょうか？

いちばんの理由は「理想のイメージを持っていない」ということです。例えば「将来仕事でもっとこんなことをしたい！」「もっとあの人のようになりたい！」というようなイメージがあれば、向上心は必ず生まれます。

ところが、「仕事は辛いものだから土日まで何とかがんばろう」「そんなにがんばっても一気に給料が上がることもないし……」といったネガティブな考えが頭のなかを占めているとしたら、そこには「現状満足」や「現状維持」しか起こらないのは当然です。

私が以前いた職場でも、現状に満足して向上心がない部下がいました。ですが、あるタイミングで少しずつ向上心を持ちはじめるようになっていったのです。

きっかけは、社内でもトップクラスの同期の営業マンとその部下を同行させたことでした。その同期の営業マンとの同行をくり返した部下は、こんなことを言いはじめたのです。

「自分と同じものを売ってるにもかかわらず、お客様が彼に本当に感謝してよろこんでいたんです。あとで彼に尋ねてみると、彼自身もその瞬間が本当にうれしくて、やりがいを持ってこの仕事してるって……。もしかしたら自分もあんなにお客様によろこばれることが可能かもしれないと感じました」

その部下にすると、同期の営業マンがお客様から感謝されている姿を見て、こう感じたのです。

「オレもあんなふうにお客様から感謝されたい！」

「オレたちの仕事ってやりがいのある仕事かも……」

その部下は、**自分のなかに「理想のイメージ」ができたことで自ら主体的に仕事をすすめるように変わっていきました。**

## 上司が部下のあこがれの存在になる

もちろん、こうした話をお伝えすると、「そんな理想の人は身近にはいないし……」「ウチでは無理かな」と言われることもよくあります。身近にそうした人が今はいないかもしれません。

そこで、**上司であるあなた自身が、部下の「理想のイメージ」になる**ことが大事です。これだけで、部下の向上心を高めることが可能になります。

上司の日頃の発言や態度が部下の理想でなければ、部下にも「上司を見ているかぎり理想を持っても仕方がないな……」と感じさせてしまいます。

「あんな上司になりたい！」

「上司のような働き方を真似したい！」

こう感じてもらうことができるように、日ごろから理想のイメージとされる上司として、自分自身を律していく必要があります。

このような段階を経て、「○○君は△年後、仕事でどうなっていたいかな？」と投げかけてみましょう。モデルロールを強く意識するようになっている部下は、この問いかけによって数年後にイキイキと働く自分の姿を明確にイメージすることができます。また、より会社への帰属意識も強くなるでしょう。

## 将来がイメージしにくい部下には「役割」を明確にする

最近多いのが定年退職間近であったり、雇用延長で嘱託社員として雇用されている人が部下として帰属されているケースです。こうした部下に対して、いくら理想のイメージを持たせようとしても、「この状況で理想を持っても仕方ないのに……」と感じるのが現実です。だからといって、向上心なく仕事をしている状態では上司としても困りますし、周囲にも悪い影響が出てしまいます。

こうした部下には「役割」を明確にしていきましょう。社会人経験が長いため、技術の継承や後輩の育成など、**必ずその人に合った役割があります**。心理学では役割を明確にすることは「あなただから任せたい」という承認のメッセージといいます。役割を明確にすることで、その部下は「頼られている」「認められている」ということを感じはじめ、必ずモチベーションが高まっていきます。こうなると、無難な仕事のすすめ方ではなく、向上心を持って仕事をすすめてもらうことが可能になるでしょう。

## 現状維持で無難に仕事をする部下には?

NG

「仕事が楽しくなるくらい突き詰めてやってみろ!」

将来へのイメージを持っていない部下は「仕事=楽しくないもの」と感じ、目の前のことに左右されてしまいます。その状態では部下に「もっと楽しめ」と言っても部下の意識は変わらないでしょう。

OK

「○○君は△年後、仕事でどうなりたいの?」

モデルロールを見つけた部下には、数年後の自分の姿をイメージさせることが次のステップです。イキイキと働く自分の姿を想像させることで、仕事に意義や楽しみを見出していくでしょう。

## 30 いつも机の上が汚く整理整頓できない部下には一気に片づけさせない

デスクが汚いと必要なときに書類が見つからず仕事の効率が下がり、本人が不在のときに代わりの人が探しても見つけることができないなどの問題が起こってしまいます。

### 整理整頓は仕事の成果に影響する

「○○君、急いでいるから以前に作成したあの案件の提案資料を見せてくれるかな？」

「わかりました！」

こう返答がありながら、いつもすぐに持ってこない部下がいました。理由は、机がまったく整理整頓できていなかったからです。

「どうしたんだ？　見つからないのか？」

「いや、たしかにこの辺りに置いたんですが……」

そして、散乱している書類の山を一生懸命探す部下の姿を見続ける……こうしたことが恒例となっていました。

当人は気にしていなかったのですが、それが原因でいろいろなトラブルが起こっていました。

ある日、その部下が営業に出ているときに、担当のお客様から「現場でトラブルが起こっているから今すぐ前に注文したのと同じ品物を注文したい」と連絡がありました。同僚が机の書類から必死に資料を探すも見つからず、大きなクレームになりかけたことがたびたびあったのです。

さすがにこれではまずいと感じ、「おい！　デスクの上が乱れていて、いい仕事ができるわけないだろう！」と何回も伝えていきました。すると、その場では片づけようとするのですが、時間が経つと同じ状態になっている、このくり返しでした。

一向に改善されなかったので、今度は仕組みを変えてみることにしました。

### ・仕事の終了時には机の上には一切の資料を置かないこと

こういうルールをチームに導入したのです。すると、仕事の終了時にはどのメンバーもデスクの上が散乱することはなく、毎日きれいな状態が続きました。

ところが、例の部下に、「○○君、△社さんにこの前提出した提案書見せてくれるかな?」と言っても、以前と同じように「あれ? たしかにここに入れたんだけどな……」と言ってなかなか見つからないのです。

彼が行なっていたのは整理整頓ではなく、単に机の上に置かないようにするだけで、乱雑に物が放り込まれていた机のなかは散乱状態だったのです。これでは仕組みを作っても、根本的な問題は何も解決されたことにはなりません。

## 強制的に整理整頓する時間を設ける

そこで、根本的に解決するために、「**片づけるための時間を設ける**」ということを試してみました。部下の意識を変えるためにも、整理整頓の大切さをキチンと伝えながら、「毎週金曜日の17時から10分間、デスクの片づけをやろう」と言い、片づけるための時間を取るという前提で仕事をすすめてもらうことにしたのです。

デスクの上が片づけられない人のいちばんの原因は、**頭では片づけたほうがいいと思っているにもかかわらず、「時間がない」**ということです。

時間に余裕がある仕事はほとんどありませんし、複数の仕事を同時に抱えて進行していることも多いでしょう。そうなると、必然的に「整理整頓」は優先順位が低くなってしまいます。もちろん、部下がそれでも継続して大きな成果をあげ、周囲にも迷惑をかけていない場合は問題ないように見えるかもしれません。しかし、実際には整理整頓ができていないことが大きな問題につながっていくことが多いのです。

## 整理の仕方がわからない部下には一緒に片づけを行なう

どんなに時間をとっても片づけそのものが苦手な部下もいます。これは「分類ができない」「取捨選択ができない」ということが原因です。

こうした部下に、「もっときれいに分類しろ！」「そんな不要なものは捨ててしまえ！」と言っても、部下からすると「分類してるつもりなんですが……」「もしかしたらまた必要になると思って……」と言ってくるでしょう。

こうした場合、**ときには上司が一緒に片づけを行なうことが必要です。そうすることで、部下も「なるほど、そうやって分類するのか」「そういう場合は処分してもよいのか」と整理整頓の判断基準がわかってきます。**

整理整頓に対する意識も変わり、片づけがきちんとできるようになるでしょう。

## 整理整頓ができない部下には?

NG

「机が汚くていい仕事ができるわけないだろう！」

時間に余裕がなく、複数の仕事を同時進行で抱えていると、「整理整頓」はどうしても優先順位が低くなってしまいます。

OK

「毎週金曜日の17時から10分間、片づけをやろうか」

整理整頓の時間を作ることで、部下の意識のなかで「整理整頓」の優先順位が高くなります。日々の仕事のなかでも、整理整頓を心がけるようになるでしょう。

# 31 服装や髪形が乱れている部下には一般論で強制しない

お客様や周囲の信頼を得るために、部下にはきちんとした服装や髪型を心がけてほしいものです。上司は部下の服装や髪型にも配慮することが必要でしょうし、乱れているとお客様や周囲の信用も失ってしまうことにつながります。

## 服装や髪型はとてもデリケート

以前、『人は見た目が9割』という本が話題になりましたが、見た目によってその人のことを判断するというのは事実だそうです。

私の前職の同僚で、現在は医療業界のMRとして仕事をしている友人に会ったときのことです。次のような会話がありました。

「アパレル会社から転職してきた部下がいるんだけど、服装や髪型が今の仕事には合っていないんだ。明らかに前職時代の感覚が残っていて、医療業界では確実に受け入れられないんだよね。成果が上がらないのも、そのせいではないかと気になってるよ」

「そのことを部下には言ったの？」

「いや、パワハラになるんじゃないかって他のメンバーに言われて……。会社の規定でも会社の風紀を乱すような服装はしてはいけないとあるんだけど、それが彼に当てはまるかどうかは誰も判断できなくて……」

多くの会社の規定にある、「会社の風紀を乱す」というルールは、とても曖昧な部分を含んでいます。例えば常に形式を重んじられる冠婚葬祭の業界と、声だけでお客様に対応するコールセンター業務では、その判断基準はまったく違うでしょう。

ですから一般論として、職場や現場で、「お前の髪型は何なんだ！」「そんな服装は今すぐ着替えてこい！」と言ってしまうと、たしかに「パワハラ」「セクハラ」と反論されることがあるかもしれません。**服装や髪型は人格を表す部分でもあり、それを否定されたことで上司と部下の人間関係も崩れてしまうこともあります。**

特に、部下自身が少しもおかしくはないと感じている場合は、非常にデリケートな問題となってきます。どうすればいいのでしょうか？

## 第三者からの指摘で部下に「気づかせる」

まずは部下自身に、自分の服装や髪型が今の仕事では合っていないことを気づかせる必要があります。そのためには、直接ではなく間接的に意識づけを行ないます。

ここでおすすめしたい方法があります。それは、マナー講師にセミナーを行なってもらうことです。特におすすめなのは、駆け出しの講師に依頼することです。彼らは「場数を踏みたい」「実績を作りたい」と考えており、無料、または安価な価格でセミナーなどを行なってくれるケースが多々あります。

目ぼしい講師を見つけたら、「来週、業務時間外に全員で営業マナーの勉強会を受けるから予定してくれない？」というように、部下に参加を促していきましょう。上司や同僚に服装や髪型のことを言われても部下は納得しないかもしれません。しかし、**会社とはまったく関係がない、第三者から言われると違ってきます。**第三者的な視点からコメントをもらうことは部下にとっての大きな気づきになることは間違いありません。

# 身だしなみがルーズな部下には?

NG

「なんだその服装や髪型は?　もっときちんとしろ!」

服装や髪型が乱れていることを注意することは大切です。しかし、自分では少しもおかしいと思っていない部下には、人格を否定したように伝わる場合もあり、デリケートに扱うことが必要です。

OK

「全員でマナーの勉強会を受けるから予定してくれない?」

直接言えばパワハラやセクハラと言われてしまうこともあります。間接的に意識づけを行なうために、その分野での専門家などの意見を利用することが望ましいでしょう。

# 32 評価に納得していない部下には可能性を決めつけない

人事評価に年俸制や成果主義を取り入れる会社が増えてきました。数字で見える成果だけなら互いに納得がいくでしょうが、人事評価では数字では見えにくいことが多いものです。会社からの評価に納得していない部下のモチベーションが下がっている場合、どうしたらいいでしょうか？

## 「妥当な評価だと思うよ」と言わない

以前、何社かの企業に従業員満足度調査の実施を依頼したことがあります。その際、依頼先の経営者や人事部の担当者の反応が特徴的でした。

実施する前は、「それは大切ですね！　従業員の声を聞けることはありがたい。ぜひやりましょう」と二つ返事で引き受けてくれました。

ところがいざ実施してみると、会社にとってはショックと言わざるを得ないくらい、概して従業員の満足度は低いものばかりでした。そのなかでもいちばん意見が多かったのが「**自分は会社や上司から正しく評価されていない**」というものでした。

会社や上司からの評価に対して、「こんなにがんばっているのに、なんでそんな低い評価なのか？」「自分のほうが成果をあげているのに、なんであの人よりも評価が低いのか？」といった声をよく聞きます。

それに対して、「今の○○君ならこの評価が妥当だと思うよ」などと言ってしまえば、部下としては自分のがんばりが完全に否定されていると感じ、モチベーションは明らかに下がってしまうことでしょう。

## 「評価の基準」を加点主義で伝える

残念ながら、「会社や上司側の現状評価と部下が考えている自己評価」が１００％確実に一致するということはほとんどありえません。誰もが目に見える数字だけでの判断なら、まだ双方にとっても納得のいく評価ができるかもしれません。しかし、実際に評価される項目はそうではないことが往々にしてあるからです。そこで、**上司として特に意識したいのは、「こちらの評価軸と部下の評価軸のズレ」を部下と確認し、話し合うことです。**

もちろん、多くの会社で評価面談が上司と部下の間で行なわれており、「どういう部分を評価しているのか？」という話し合いや確認はされているでしょう。にもかかわらず、多くの部下が「なぜ自分はあの評価なのかわからない」という意見を持っています。その食い違いを解消する唯一の方法は、とことん「話し合う」以外ないのです。

その際、感情的な部下に対して、上司が感情的になってしまえば、部下としては到底納得できなくなり、評価を「押しつけ」として捉えることになってしまいます。

大切なことは、部下に合理性を伝えることです。「合理性」とは何でしょうか？

実は、「意外と評価基準がよくわからない」という部下が多いのが実情です。私の知人が「企業の評価制度の構築」というデータをとっているのですが、「評価基準が明確になっただけで従業員のモチベーションが上がる」という事実があるそうです。

ですから、**評価の基準をきちんと伝える**ことです。そうすれば、部下は、「そうか！こうすれば会社や上司に今よりも認められて評価が上がるんだ！」ということが鮮明になり、評価への納得度が高まります。

そしてもう一つ大切なことが、「**加点主義で伝える**」ことです。

まだまだ減点主義で評価制度を構築している会社が多くあります。それが悪いわけではありませんが、「○○ができていないから評価は○○だ」というように、欠点を指摘されてうれしい部下はいませんし、これではモチベーションは下がり、不平不満はたまる一方となります。

たとえ減点主義での評価制度であったとしても、「○○をさらに期待しているので、今の評価は○○になっている」と加点主義で期待感を込めて伝えることで、部下の意欲を高めることが大切です。

## 上司として特定の部下へのえこひいきは厳禁

評価基準を明確にしたうえで、上司として気をつけたいのは、「相性がいい部下を高めに評価しがちである」ということです。上司も感情を持った人間なので、自分に対して忠実で何でも言うことを聞いてくれる部下はかわいいでしょう。逆に、いつも反抗ばかりしてくる部下や、扱いづらい部下は「大切な意見を言ってくれる存在」である一方、心のどこかでは「面倒くさいヤツ」と感じる部分があるかもしれません。両者が同じ成果をあげた場合、かわいい部下には点数が甘くなってしまうことがあります。

これを、周囲から見ると「えこひいき」に映る場合がかなりのケースであります。こうなると、周囲が上司に対して「不平不満が増える」という悪循環がはじまります。それを防ぐために、上司としてはまずは合理的で理性的な評価を意識することが大切です。

## 会社からの評価に納得していない場合は?

NG

「今の○○君ならこの評価が妥当だと思うよ」

部下が100%納得する評価をすることはとても難しいことです。さらには、そのことを一方的に押しつけられた部下は納得ができず、モチベーションが下がってしまうことは間違いないでしょう。

OK

「○○君の自己評価と会社の評価基準のズレがないか再確認しようか?」

多くの部下は評価基準を明確に理解していません。まずは評価軸に対する上司と部下のズレを確認することが大切です。そのズレに対しては十分に話し合うという姿勢を見せることが重要です。

# おわりに　部下を成長させることこそが、上司としての成長になる

「大切なことだとはわかっているけど時間がない」

人は減っているのに仕事量は変わらない今の時代、仕事量が極端に増え、自らもノルマを抱えているプレイングマネジャーの悩みがあふれています。研修で出会う彼らの切実な悩みを解決したいと思い、この本を執筆しました。

彼らにとって、部下の育成は「時間がない」というのが本音です。しかし、言い換えれば「部下に使う時間はない」と言っていることと同じではないでしょうか。

上司にとって部下の成長を促すことはとても大切な義務や責任です。部下の成長を肌で感じることができれば、上司にとっても大きなよろこびに変わっていきます。

さらには、それがこれまでさまざまな苦労をして得たものであればあるほど、部下だけでなく、上司にとっても大きな成長につながります。そういった意味では「部下を成長させることこそが、上司としての成長につながる」ということは間違いのない事実でしょうし、そのためにもぜひ時間を取って部下と向き合っていってほしいと思

います。

もちろん、本書でお伝えしたような方法を試してみることで、すぐに変化が起こる部下もいれば、そうでない場合もあるかもしれません。しかし、部下という名の他人を自由自在に100％コントロールすることはできないのは、当たり前のことです。それでも、部下に多少なりとも影響を与えることで、部下が自ら変化していく手助けにはなるはずです。部下の成長を支援するためにも、あきらめずに向き合い続けるということを意識してほしいと思います。

それでも部下が変化しない場合、大切なことを忘れているのかもしれません。それは「部下に愛情を持って接する」ということです。

過去に大きな結果や成果を残してきたことで、出世して上の立場になるというケースが多くあります。もちろん、それは重要な基準ですし、否定するわけではありません。

しかし、そうして出世した人のなかには、自らの過去の成功体験を部下に押しつけ、一方的な指示命令によって部下を一人の人間としてではなく「モノ」として扱う人がいます。

仕事ではどんなに優秀で能力がある上司だとしても、「モノ」として扱われた部下が、言われたことを快く引き受けて動くことはまずないでしょう。それが続いてしまえば、関係修復には多くの時間や労力が必要なことは明らかです。

そうした事態を避けるために、上司として「部下が何を求めているのか？」をしっかりと把握して接することが大切です。部下をほめることも大切ですが、上辺でほめたとしても部下は敏感にそれを察知し、逆効果になってしまうでしょう。

部下が上司に対していちばん求めているものは、一人の「ヒト」として「自分に興味関心を持ってくれているのか？」ということです。それが足りない状態で部下に対する接し方をうまく変えたとしても、部下が変化することはまずないでしょう。

そのためにも、常に部下に愛情を持って関係の質を高めることが、互いが成長するためにも最も大切なことなのです。

ぜひ、意識して部下とのかかわりを持ち続けてください。

本書は私だけの力ではなく、たくさんの方々の協力があって生まれたものです。10

年以上前から研修や講演の貴重な機会やご指導をくださったさまざまな企業やご担当者、受講者のみなさま、さらには最後まで全面的にお世話になった日本実業出版のみなさまに、この場を借りて心からの感謝の気持ちをお伝えしたいと思います。

それから、これまでずっと支えてくれた家族にも感謝したいと思います。何より、この本の執筆中に天国に旅立った父親に、心から「ありがとう」と伝えたいと思います。

最後に、この本を最後までお読みくださった読者のみなさまに対して、心よりお礼申し上げます。本書があなたの、そしてあなたの部下たちの笑顔を増やすきっかけになれば幸いです。